現代中国語
文法六講

沈家煊 著

古川裕 訳

日中言語文化出版社

语法六讲

by 沈 家 煊

Copyright © 2011 by 商務印書館

First published 2011
by 商務印書館 Wangtujing Street, Beijing

This Japanese edition published 2014
by J-C Language and Culture Press, Ltd, Publishers, Osaka
by arrangement with
商務印書館

企画者の言葉

　一言語の記述的研究が基本的に完成し、成熟の段階に到達したのち、当該言語の研究者の視野が言語の多様性・普遍性へと向かうのは、自然な趨勢であろうと思われる。

　言語の多様性・普遍性の研究に取り組む学問には、生成文法・認知言語学・言語類型論などが挙げられる。しかしながら、生成文法と認知言語学は、英語話者を中心に開発され、発展してきたものであり、それだけに意識するしないにかかわらず、英語をベースとした研究になっていると言わざるを得ない。

　また、言語類型論についても、創立はドイツのフリードリヒ・シュレーゲルやヴィルヘルム・フンボルトに遡れるが、今日世界的に栄えている語順を中心とした研究は、アメリカのジョーゼフ・グリーンバーグの手によるものである。世界の言語からサンプルを採用しての研究であるため、論理的には特定の言語に偏ることはないが、おそらく他のどの言語よりも英語に関する体系的な知識が一番豊富かつ正確に生かされていると言えるのではなかろうか。

　学問の創始期においては、特定言語を中心に展開されることに是非は問えないが、理論的成熟を促す段階に到れば、形態的に異なる類型の言語への深い理解を取り込んだ研究が必須のプロセスとなることは、学史的に証明されていると言ってよいであろう。

　英語・日本語・中国語の三言語は、それぞれ屈折語・膠着語・孤立語の中において記述的研究の最も進んだ言語だと言うことができ、この三言語をベースとした言語類型論的研究と認知言語学的研究が日本の地においても展開されることは大きな意味を持とう。この現状に鑑み、企画者は中国語をベースとした言語類型論・認知言語学研究叢書の出版に思い至った。

　本企画では、冒頭にあげた生成文法・認知言語学・言語類型論から生成文法を外したが、これは本企画の方法論的志向が認知言語学・言語類型論にあり、かつ、生成文法に関してそのモデルの進化に企画者がついていく実力を持たないことによる。

企画者の言葉

　この叢書は、当面中国人研究者の既存の業績を翻訳し紹介する形で続けていくが、近い将来、日本の研究者による新たな研究書が加わる可能性も考えられる。「翻訳叢書」ではなく「研究叢書」を企画とした理由である。

　この叢書は多くの方々のご協力によって成り立っている。惜しまぬご助力を賜った方々に心からの謝意を申し上げたい。この叢書は企画者の現時点における学問的興味のありかを示すものである。その出版が学界の発展に寄与し、研究者間の新たな対話を生む架け橋となることを祈ってやまない。

2013 年 4 月 1 日

大阪府立大学　張　麟声

日本語版への序文

　中国語文法の研究は、その初期からインド・ヨーロッパ語文法の影響を深く受け、その影響のせいで中国語本来の姿をはっきりと見ることが難しかった。印欧語の伝統的な文法概念は深く根をおろし、その束縛から抜け出すことはたやすいことではなかった。朱徳熙先生は生前その影響を排除するために大事な貢献をなさったが、それでもなお私たちは知らず知らずのうちに伝統的観念の縛りを受けがちで、後に続く人々が更なる修正を加えるべきであると述べられた。また、呂叔湘先生は晩年に、名詞、動詞、主語、述語や文など印欧語文法由来の用語をとりあえず捨て去ってみるべきであるとまで述べておられる。いずれまた拾い直すにしても、一度捨て去ってから拾い直すまでの間に、これらの用語に対する理解に大きな変化が生じるであろうし、そうすることで後の人々が印欧語文法の呪縛と影響を脱して、素朴な目で中国語を見直し、中国語文法の研究に新たな突破口が開くことを期待されてのことである。私が近年行なってきた研究も主としてこの「一度捨ててから改めて拾い直す」ための作業であり、最も基本的な文法範疇を改めて見直して、中国語の特徴をあぶり出す作業であった。このような面での研究成果は、本書の第一講『中国語の文法研究は印欧語の束縛から脱却すべし』と第三講『なぜ中国語では動詞も名詞と言えるのか：文法研究の打破と再構築』にあらわれている。

　中国語の特徴を巨視的に見ると、二つの点が重要であると私は考えている。その一つは、中国語では名詞と動詞の関係が、印欧語のような分立関係ではなく、包含関係にあるということである。名詞は動詞を内に含んでおり、動詞とは動態名詞なのであって、このような包含関係は名詞と動詞がそれぞれ対立しているという分立関係に還元することはできない。このような包含関係を確立している前提がもう一つの特徴で、それは中国語の名詞、動詞という文法カテゴリは指称、陳述という語用カテゴリの中に含まれるということである。ゆえに、中国語の文法論では語用論や語句の用法を論ずることなしに文法を論じようがないということになるのである。第二講『言語事実の描写と解釈』は、マクロな視点から研究方法について

の私見を述べたもので、事実を挙げることと理論を述べることは同じことがらの両面であって、互いに支えあい、どちらかに偏向してはいけないのである。ここで述べている文法現象とは、実は語用現象であることに読者は気づかれるであろう。仔細に考えてみればわかるように、もしもこれらの語用現象を論じないとすれば、中国語の文法において、あとほかに何を論じることが残るだろうか。中国語文法では虚詞が大事な位置を占めていると言われるが、第四講『言うか、言わないか：虚詞研究における重要な問題』でも、虚詞の意味や機能を究めようとすれば、「言うか、それとも言わないか」、「こう言うか、それともああ言うか」という用法に関する論理を研究せねばならないことを述べた。

中国語の文法は語用規則の支配を受けていると同時に、認知方式の支配も受けている。しかも、語用と認知は互いに絡み合っているのだ。第五講と第六講の内容は、私がこれまでに認知論の角度から研究した中国語文法に関するひとつの概論である。第五講で言うところの「メタファー文法」では、文法カテゴリが具体的なものから抽象的なものへ写像されるとき、その写像関係は文法単位間の集合的な対応関係が重要になるのであって、構造的な相似関係ではないということを主に述べている。ここでの最後の結論は、文法研究の目標とは解釈することにあるのか、それとも予測することにあるのかというテーゼに関する私の考えかたを示している。即ち、文法現象に対して私たちは十分な解釈をすることはできても、不完全で弱い予測をすることしかできないこと、また、それは言語が開放系で複雑系に属するものであるという本質的特性によって決まっていることであって、たとえ予測が不完全であるとしても言語学が科学であることを妨げるものではないということである。次に第六講で述べたのは、文法研究では単に分類するだけで総合しないのは宜しくないということである。分析だけして総合しないのは、文法研究が目指すべき「繁雑さを廃し、シンプルさを求める」という目標に反する。そこで、私は「統合させて文法を浮き上がらせる」という観点から文法研究を認知科学という大きな枠組の中に据えることを提唱したいと思う。この二つの講演は西洋の学者、特に数名の著名な認知言語学者たちから多くの啓発を受けている。彼らの理論は中

国語に対してたいへん有用であることを私は学んだ。

　一般的な読者の方々は、文法研究の「奥深さ」に恐れをなし、煩瑣で、いかにも難しげな文章に拒否感をお持ちになるかもしれないが、本書はもともと全て講演原稿なので、一般的な聴衆にも理解しやすいように、なるべくわかりやすく述べることを心がけた。しかし、私自身の能力の限界によって、一般的な読者と専門分野の読者の双方に対しても不満なところが残っているとすれば、ただただお許しを乞うしかない。

　2010年と2011年に、私は幸いにも日本の中国語教育・研究界の皆さまから招聘を受けて講演会を行い、本書に収めた六つの講演のうち四つの講演を行う機会を得た。たくさんの友人たちが講演原稿を集めて出版するように勧めてくれ、今こうして『現代中国語　文法六講』が生まれることとなった。張麟声先生は本書の日本語版の翻訳と出版を計画し、古川裕先生は私の日本訪問をアレンジされたうえに本書の翻訳を担当され、日本語版のために序文を寄せるよう求められた。この機会に心からのお礼を申し上げ、あわせて日本での講演会において聴衆の皆さまが私に下さった数多くの意見にも感謝申し上げたい。講演の中でも述べたように、日本の学者は中国語の文法研究においてたくさんの素晴らしい成果を挙げている。彼らは日本語との比較対照を通じて、私たち自身が気づかない事実を数多く発見し、有益な示唆を与えてくれる。私は一時期日本語を学んだことがあるのだが、久しく使わないうちに学んだことはすっかり忘れてしまい、六つの講演の中で日本語に触れることが殆どできなかったことは誠にもって残念である。日本語文法と中国語文法の対照研究は大いに進めるべきで、しかも大きな意義があると私は信じてやまない。

沈家煊
2013年4月

現代中国語　文法六講

（目　　次）

企画者の言葉

日本語版への序文

まえがき ……………………………………………………………………　1

第一講　　中国語の文法研究は印欧語の束縛から脱却すべし ……………　3

第二講　　言語事実の描写と解釈－文法研究の方法二例をめぐって ……　40

第三講　　なぜ中国語では動詞も名詞であると言えるのか ………………　70
　　　　　－文法研究の打破と再構築

第四講　　言うか、言わないか？－虚詞研究における重要な問題 ……　102

第五講　　「文法メタファー」と「メタファー文法」……………………　129

第六講　　なぜ言語における統合現象を研究するのか ……………………　165

参考文献 ……………………………………………………………………　207

訳者あとがき ………………………………………………………………　213

著者、訳者紹介 ……………………………………………………………　215

まえがき

　本書に収めたものは、ここ数年にわたって国内外の大学や研究所で行った六つの講演の記録である。幾つかの場所で繰り返しお話ししたテーマもあるが、内容はいずれも中国語の文法研究に関するもので、近年私が読書し、思考し、観察し、研究してきた問題ばかりである。かなり多くの内容は論文の形で刊行物に発表してもいるが、講演する時には角度をかえてみたり、別の話題とあわせてみたり、通俗性を高めたりした。

　自分なりにおもしろい内容であろうと思っていたところ、商務印書館のご厚意を承け、講演時には時間の関係で省いてしまった部分も補って、ここに講演原稿の全文を収め《语法六讲》と名づけて出版することとなった。この場を借りて、毎回講演の後に聴衆からいただいた質問に対して感謝申し上げる。どの部分がうまく説明できなかったか、どの部分は言うまでもないことか、そして、どの問題が更に考えを深め、考え直す必要があるかを教えてくれたからである。小著の内容について講演時に配布した原稿や資料と違うところに気がつかれたならば、それは聴衆からの質問に基づいて修正を加えたり、補充をしたものである。

沈家煊
2011 年 9 月 29 日

第一講　中国語の文法研究は印欧語の束縛から脱却すべし

　今回お招きいただいた立命館大学大阪孔子学院長の中川正之先生に心からお礼を申し上げます。今日の講演タイトルについて、多くの説明は必要ないでしょうから、さっそく本題に入ります。

この百年来「止むことのない」二つのこと
　歴史を振り返ると、この百年来、中国の知識人たちは先覚者として中国の近代化のために、西洋から先進的な理論や方法を次から次へと取り入れてきました。「他所から火を盗んで点けたとしても、その本意は自分の肉を煮込むことにあるのだ」、これは魯迅の言葉です。中国における言語研究において『馬氏文通』（訳注：清末の1898年に馬建忠によって書かれた文法書。ラテン語伝統文法にならって中国語文法を体系的に捉えたもので、近代中国語文法学の先駆け）以来、私たちは西洋から言語理論と研究方法を取り入れ、止むことなく努力し続けてきました。と同時に、私が強調したいのは、もう一つの「止むことのない」努力が存在すること、それはつまり私たちがインド・ヨーロッパ語研究の枠組みから脱却し、中国語独自の特徴を探るための努力も止むことなく続けてきたということです。1949年の中国建国以後、中国語の文法研究において重要な論争が三度ありました。その一は中国語の品詞分類について、その二は中国語の主語と目的語について、その三は中国語の単文と複文についての論争です。この三大論争には上述の一見相反する二つの努力が反映していますが、特に後者の努力、つまり印欧語の見方から自由になるための努力が大きく表れています。最近も私たちは中国語の品詞について新たな論争を繰り広げていますが、今回の論争は中国語の電子情報処理に携わっている人々も参加し、中国語を世界の言語の中に置いて、幅広い議論を進めようとしているのが特徴です。まさに現代の特徴を体現していると言えるでしょう。
　呂叔湘先生と朱徳熙先生は、中国語の文法研究においてすばらしい成果を残されました。お二人の先生はそれぞれ晩年に後進の研究者に対して、印欧語の視野から更に自由にならねばならないという言葉を残されまし

た。その文章を引用してみます。

　　　固定観念を打ち壊そう。…「単語」、「動詞」、「形容詞」、「主語」、「目的語」など、しばらく捨て去ってみよう。いずれ後にこれらの用語を再び拾いなおす時が来るかもしれないが、一度捨ててから拾いなおすまでの間に変化が生じ、これらの用語がもつ意味や価値も変わってくるだろうし、触れようともしなかった様々な規則にも触れることができるようになるかもしれない。

(呂叔湘《语法研究中的破与立》)

　　　中国語の"先入為主"という成語は、先入観や思い込みの力は非常に強いものだという意味である。私たちは今ここで伝統的な観念のいくつかを批判しているが、これとて知らず知らずのうちに伝統的な観念の支配を受けているということも大いにありうるだろう。これは言うまでもなく後の人が改めてくれるのを待つよりしかたのないことであって、まさに、いわゆる「後の今を視るや、今の昔を視るがごとし」ということである。しかし、現在に目をやって言えば、たとえどんなに小さな一歩であろうとも、前に向って一歩踏み出すことは良いことには違いない。

(朱德熙《语法答问》"日译本序")

「中国語の特徴」に関する旧来の理解

　まず、印欧語とは異なる中国語の特徴について、これまでどのような理解が共有されているか、主なものを選んでお話しします。

1. 中国語における形態素の地位は語の地位に劣らない

　これは呂叔湘先生の言葉です。単語や文を作るときの単位は、建物を建てるときの材料のように大きなものもあれば小さなものもあります。建築材料ならば、小さなレンガ、少し大きめのレンガ、もっと大きなプレハブ板といったところでしょうか。文を作る単位であれば、形態素、語、ある

いは固定的なフレーズなどです。印欧語においては文構成の基本単位が語であるのに対し、中国語では形態素の占める地位が語に劣らず大事です。中国語で二音節語のうち多くは「離合詞」または「フレーズ語」です。たとえば、

 慷 // 慨　　別慷我的慨。「私に気前よくするな」
 提 // 醒　　不用你提我的醒。「あなたに言われるまでもない」
 放 // 松　　你就放你的松吧。「リラックスしなさい」
 结 // 婚，示 // 威　　你结你的婚，我示我的威。「あなたが結婚したいならお好きにどうぞ、私は私なりに見せしめをしますから」
 演 // 出　　等赚够了钱，我可能不会演太多的出。「お金をたっぷり稼いだら、こんなにたくさんの公演には行かない」

　最後の例文はテレビのインタビュー番組で耳にした表現です。映画『北京バイオリン』にも出演した香港の有名なバイオリニスト李伝韻氏は大の車好きで、お金を十分に稼いだら良い車を乗り回して"不用演太多的出了。"「たくさんの公演に行かなくてもいいのになぁ」と話していました。なんと"演出"という語までもが、こんなふうに離合詞として使うことができるのですね。
　これは中国語が漢字から離れられないからです。複合語を構成している音節はそれぞれ意味を持ちうるので、たとえ意味のない音節でさえもそこに意味を与えてしまいます。

 不管是马克思还是牛克思　「マルクスであれ、四角スであれ」
 管他是托尔斯泰还是托她斯泰　「トルストイであれ、ヤルストイであれ」

　一音節一形態素とは、まさにこういうことなのです。個々の音節にはとても強い独立性があり、複合語の中から独立して語や文を作ったりもします。例えば"形状"「形状」や"状态"「状態」のような語の構成要素でしかなかった"状"の字は独立して、次の例のように語や文を作る成分にな

ることさえできます。
  他又做出一本正経**状**　　「彼はまた真面目くさったフリを見せた」
  做欠了他八百輩子債**状**　「彼に長年の借りができたかのようなフリをする」

 英語と中国語を比べてみましょう。イギリス人が中国語の文"你結你的婚，我示我的威"「あなたが結婚したいならお好きにどうぞ、私は私なりに見せしめをしますから」にならって"You mar‐your‐ry, and I de‐my‐monstrate"などと言ったりしたら、全く意味不明ですが、少し英語を学んだばかりの中国人の中学生なら"你quali‐得‐fy, 我quali‐不‐fy"（"你够得上，我够不上「あなたなら十分できるけど、私にはできない」"）というようなピジン英語を口にするかもしれませんね。

2. 中国語では「形態素と語」、「語とフレーズ」の境界が不明瞭である

 呂叔湘先生によると、形態素の認定は中国語の古典文に関する素養があるかどうかで左右されます。

  経済経済，経世済民。　「経済とは、そもそも経世済民のことだ」
  书信～信使～信用　　「手紙～手紙を送り届ける人～信用」

 たとえば"経済"「経済」は"逻辑"「ロジック」と同じようにこれ以上分けられない一つの単語だとふつう考えていますが、古文を読んだことがある人だと"経済"とは"経世済民"「世をおさめ、民を救済する」であり、"経"と"済"は分けて使うことが可能で、どちらも形態素だと言うでしょう。また、"书信"「手紙」の"信"と"信用"「信用」の"信"には意味のつながりがないと考えますが、古文の知識があれば「公文書の送達者」を意味する"信使"が両者の意味をつないでいて、"信"は一つの形態素だという判断になってきます。
 語とフレーズの境界も曖昧です。下のような例を挙げた人がいました。

  驼毛（語）「ラクダの毛」　　　羊毛（フレーズ）「羊の毛」

鴨蛋（語）「アヒルの卵」　　　鶏蛋（フレーズ）「鶏の卵」

　"駝"は単独では用いることができません（常に"駱駝"「ラクダ」として用います）が、"羊"「ヒツジ」は単独で用いることができます。また"鴨"は単独では言えません（"鴨子"「カモ」や"家鴨"「アヒル」として独立の単語になります）が、"鶏"「ニワトリ」は単独で言えます。よって"駝毛"と"鴨蛋"は二文字で一語、"羊毛"と"鶏蛋"は二つの単語から成るフレーズだ、ということになります。しかしながら、"鴨"は中国の北方で単独で用いないだけで、南方では単独で使える語なのです。現に、朱明瑛の歌詞に"左手一只鶏，右手一只鴨"「左の手には鶏、右の手には鴨」というフレーズがありましたね。このような分析方法は全く理屈に合わないとまでは言えませんが、普通の人の語感には合わないので、わざとらしくて変な感じがするのですが、それはつまり中国語では語とフレーズが明確に分けにくいということを証明しています。

　"字本位"理論（訳注：1990年代の後半以降、北京大学中文系の徐通鏘氏が提出した新しい言語理論）をどう見るかと聞かれたことがあります。ここで私の考えかたをお話しておきましょう。"字本位"理論は古代中国語にはわりと通用しますが、現代中国語には当てはまらなくなっています。現代中国語では形態素の重要性を強調して「中国語における形態素の地位は語の地位に劣らない」と言えば良いのです。現代中国語の辞典の多くは字本位であり、見出し語となる親文字の下に語句を並べています。もちろん、語句をそれぞれ見出し語としてズラリと並べている辞書もあります。であれば、いったい現代中国語における「語」とは何なのかと続けて質問が出るかもしれません。現代中国語における典型的な「語」とは、同時に韻律語、語彙語、文法語でもある、というのが私の答えです。韻律語とは"羊毛"のような二音節語のことです。もちろん"羊"も"毛"もどちらも単独で使えるのですが。語彙語の場合、その意味は二文字の意味を単純に足したものではありません。たとえば"甘苦"「つらさや楽しさ」という語の場合、"甘"「甘い」と"苦"「苦い」の意味を知っていても、語彙語としての"甘苦"の意味を新たに教わる必要があります。文法語の場合は二

つの成分を拡張したり、あいだに他の成分を入れたりすることができません。例えば"大车""荷车"は"大的车"「大きな車」とは同じではありません。"大树"「大きな木」の場合は"*小大树"（*小さな大きな木）と言うことは矛盾しますが、"小大车"「小さな荷車」と言うことはできるのです。

3. 中国語の動詞は主語や目的語になっても「名詞化」しない

　これは朱徳熙先生が一貫して主張された観点です。これに異論を唱える者もいますが、私はこの主張が印欧語の視野を脱却する道程において大事な一歩であったと考えています。朱先生によれば、中国語の動詞と形容詞は述語になるときも、主語や目的語になるときも、すべて同じ形態であるのに、伝統的な文法書では主語や目的語の位置にある動詞と形容詞は名詞化していると考えてきたのは印欧語の視点から見た中国語の姿にほかならないのです。中国語の言語事実から見れば、動詞と形容詞は、述語になるのは当然として、主語や目的語にもなることができますが、そんな時でも動詞は動詞、形容詞は形容詞のままであり、その性質は全く変化していません。これが印欧語とは違う非常に重要な特徴なのです。動詞が主語や目的語になる中国語の例をいくつか挙げてみましょう。対応する英語の（そして訳文の日本語も）動詞が全て形態変化していることに注意してください。

　　哭没用。　（Crying is useless.）「泣いても仕方がない」
　　我怕抓。　（I fear being scratched.）「捕まるのが怖い」
　　我听见爆炸了？
　　　　（Did you hear the explosion?）「爆発したのが聞こえたか？」
　　眼见为实。　（Seeing is believing.）「この目で見たものは確かだ」

　中国語の動詞はそのままで主語や述語になることができるだけでなく、名詞と並列することもできます。

　　罪与罚　（crime and punish）「罪と罰」
　　时间与忙　（time and busy）「時間と忙しさ」

吃与营养　(eat and nutrition)　「食べることと栄養」
人与贪　(man and greedy)　「人間と貪欲」
婚姻与孤独　(marriage and lonely)　「結婚と孤独」
傲慢与偏见　(proud and prejudice)　「傲慢と偏見」

　最後の例の"傲慢"は形容詞で"偏见"は名詞ですが、小説『傲慢と偏見』の英語名は必ず名詞の pride and prejudice であり、形容詞を使った proud and prejudice ではありません。
　認知言語学者のレイコフ（George Lakoff）が言う実体メタファーとはつまり、抽象的な動作や事態を一つの実体と見ることです。彼は英語でこのように説明しています。

PUBLICATION IS AN ENTITY（出版是一个实体）
　「出版することは一つの実体だ」
THINKING IS AN ENTITY（思想是一个实体）
　「思想することは一つの実体だ」
HOSTILITY IS AN ENTITY（敌对是一个实体）
　「敵対することは一つの実体だ」
HAPPINESS IS AN ENTITY（幸福是一个实体）
　「幸福であることは一つの実体だ」

　中国人であれば、このような表現に対して―メタファー自体に対してではなく―次のような疑問を持つでしょう。PUBLICATION、THINKING などは語の形において名詞形で、すでに実体であることを示している以上「ある実体はある実体である」と繰り返しているのと同じであり、とてもメタファーとは言えないのでは？中国人にとっては、次のような表現こそが隠喩なのです。

PUBLISH IS AN ENTITY　　（「出版する」は一つの実体だ）
THINK IS AN ENTITY　　　（「思考する」は一つの実体だ）

```
HOSTILE IS AN ENTITY    （「敵対する」は一つの実体だ）
HAPPY IS AN ENTITY      （「幸福である」は一つの実体だ）
```

　中国語において、形容詞は連体修飾語、主語や目的語になるほか、述語と連用修飾語にもなることができます。名詞は主語や目的語になる以外に連体修飾語になることもできますし、一定の条件のもとで述語（"老王上海人"「王さんは上海人だ」、"小张黄头发"「張くんは金髪だ」）や連用修飾語（"集体参加"「集団で参加する」、"重点掌握"「重点的に把握する」）になることもできます。また動詞は述語や主語や目的語になるほか、一定の条件下で連体修飾語（"调查工作"「調査事業」、"合作项目"「合弁プロジェクト」）や連用修飾語（"拼命跑"「必死で走る」、"区别对待"「別個に対応する」）になることもできます。つまるところ、中国語の品詞と文法成分の間には単純な一対一の関係は存在しないのです。

4. 中国語のフレーズと文は同じ構造ルール

　この特徴は前述の特徴と関連していて、これも朱徳熙先生が終生にわたって主張し続けられた観点です。英語では文の構造とフレーズの構造はそれぞれ別々のルールです。

```
a. He flies a plain.（他开飞机）「彼は飛行機を操縦する」
b. To fly a plane is easy.
                （开飞机容易）「飛行機を操縦するのは簡単だ」
   Flying a plane is easy.（同上）「飛行機を操縦するのは簡単だ」
```

　動詞 fly は述語の位置では限定形式の flies となり、主語の位置では非限定形式である to fly a plane あるいは flying a plane を用いなければなりません。中国語は英語とは異なり、動詞（フレーズ）がどこに現れても、その形式は全く同じで、英語で flies a plane, to fly a plane, flying a plane となるものが全て"开飞机"の形ひとつです。英文法から見ると、主述構造が文あるいは節に成るとき、それはフレーズとは別のものです。

しかし、中国語の主述構造はフレーズの一種であるにすぎず、他のタイプのフレーズと完全に平等なのです。主述構造は、単独で文にもなれるし、文の一部分になることもできます。たとえば、

　　象鼻子长。　「象は鼻が長い」
　　今天天气好。　「今日は天気がよい」

のような例で、"鼻子长"と"天气好"は独立して文にもなれるし、文の一部としてフレーズにもなるのです。

「中国語の特徴」についての新たな理解

　以上「中国語の特徴」に関して広く理解されていることについて概要を説明しました。続いて、私が今日お話したいことのポイント、つまり最近得られた「中国語の特徴」についての新しい考えかたについてお話ししましょう。これらの考えかたの多くは私個人のアイデアによるものですが、先人や他の人の研究成果と切り離すことができません。私はこれらの新しい考えかたをとても大事なことだと考えますので、ぜひ皆さんともこれを共有したいと思い、以下六つの部分に分けてお話しすることにします。

1. 重畳型は中国語で最も重要な形態であり、印欧語とは異なる形態論的手段である。また、二音節化も形態論的手段の一つである。

　最近の報道で"ピジン・イングリッシュ"ベスト10の選出において、めでたく最上位に輝いた一文がこれです。

　　Good good study, day day up.
　　好好学习，天天向上。　「しっかり勉強して、日に日に進歩しよう」

　皆さんはどう思われますか？私はこれを見て、非常に興奮しました。よくぞ評価した！最上位に恥じないものだ！と。なぜかと言えば、これが中国語と英語の大きな違い－すなわち、重畳型すなわち重ね型－を際立たせ

ているからです。イギリス人もこのような考えを理解するのにさほどの困難はないはずです。中国語の形容詞"好"は重ね型にすることができ、名詞の"天"も重ね型にすることができます。とりわけ重要なことは、中国語の名詞、動詞、形容詞はすべて重ね型によって状態描写語（略して「描写語」）に変質するという点です。次のような例をご覧ください。

名詞の重ね型が描写語になる例：
  虎「トラ」 眼睛瞪得<u>虎虎</u>de 「ギロリと睨みつける」
  肉「肉」 喜欢长得<u>肉肉</u>de女孩子 「むちむちした女の子が好きだ」
  山「山」 <u>山山水水</u>de画个不停 「山水の景色ばかり描き続ける」
  妖精「妖精」 打扮得<u>妖妖精精</u>de 「色気むんむんの化粧をしている」

動詞の重ね型が描写語になる例：
  飘「舞う」 <u>飘飘</u>白雪飞扬在空中 「白い雪がちらちらと空中を舞う」
  抖「振る」 母亲抬起手臂<u>抖抖</u>de指着干粮筐
      「母親は腕を上げ、ぶるぶる震えながら穀物の籠を指差した」
  摇摆「揺れる」 花儿在风中笑得<u>摇摇摆摆</u>
      「花が風の中でゆらゆらと揺れている」
  指点「指さす」 <u>指指点点</u>de议论起来
      「ああだこうだと指差しあいながら議論する」

形容詞の重ね型が描写語になる例：
  白「白い」   把脸抹得<u>白白</u>de 「顔を真っ白けに塗る」
  长「長い」   <u>长长</u>de走廊 「長々とした廊下」
  随便「気楽だ」 <u>随随便便</u>说了几句 「いいかげんに話す」
  大方「気前が良い」衣服要穿得<u>大大方方</u>de
      「服はゆったりと着るのがよい」

単音節の名詞Ｎ、動詞Ｖ、形容詞Ａに接尾辞ＸＸが付いて描写語になる例：
  ＮＸＸ：夜沉沉「夜がふけて」、眼松讼「目つきがぼんやりと」、情切

切「心切なく」、月蒙蒙「月明かりがぼんやりとして」
ＶＸＸ：叹连连「繰り返し溜息をつきながら」、呼啸啸「ヒューヒューと吹いて」、死虎虎「勇ましげに」、笑眯眯「にこにこ笑って」
ＡＸＸ：冷冰冰「ひんやり冷たい」、轻悠悠「軽やかに」、静悄悄「ひっそりと静かに」、软绵绵「ふわふわと柔らかな」

重ね型の接尾辞Ｘも、名詞・動詞・形容詞の三種類がありうる：
　Ｘが名詞の場合：冷冰冰「氷のように冷たい」、甜蜜蜜「蜜のように甘い」、黑漆漆「漆器のように黒い」、白雪雪「雪のように白い」
　Ｘが形容詞の場合：圆滚滚「ボールのように丸い」、香喷喷「ぷんぷん香る」、动飘飘「ひらひらと」、直挺挺「ピンと真っすぐに」
　Ｘが動詞の場合：红彤彤「真っ赤な」、白茫茫「一面真っ白な」、笑盈盈「にこやかな」、病恹恹「病弱な」

重ね型に後置される接尾辞ＸＸは重ね型の前に置くこともでき、方言ではＸＸＹのようになる現象がよく見られます。上海語では以下のように言います。

　漆漆黑、雪雪白、冰冰冷、笔笔直、喷喷香、滚滚圆、彤彤红

　これらの事実から言えることは、まず中国語は第一段階で「大名詞」と「描写語」の二つに大別されることです。「大名詞」には事物の名称、動作の名称、属性の名称が含まれます。次の第二段階で、「大名詞」の中に名詞、動詞、形容詞を区分することになります。重畳こそが、中国語が印欧語と大きく違う重要な形態手段であるということです。中国では伝統的に"名"と"重言"という二つの概念が重視され、名詞と動詞が対立する概念としては重要視されなかった理由はここにあります。
　文法を論じるときに、構造のタイプ－「主語＋述語」構造や「動詞＋目的語」構造、「連体修飾語＋中心語」構造など－を論じないわけにはいきません。しかし、中国語の文法構造を論じるうえで、単音節と二音節の区

別は、名詞と動詞の区別よりもずっと重要なのです。これは些か新奇で突飛な考えのように聞こえるかも知れませんが、これこそが事実であり、中国語において名詞と動詞の区別はさほど重要ではないのです。『現代漢語詞典』は第5版からようやく品詞を注記しはじめましたが、過去ずっと品詞など示さなくても大きな問題は生じなかったようです。長い間『現代漢語詞典』と『新華字典』で教えていた小中学校の国語の先生も、辞書に品詞を示すかどうかといった問題意識などまったく無かったと言っています。今は"房屋"「家屋」に名詞、"出租"「レンタルする」には動詞と、品詞が明記してあって、それで満足していますが、少し考えてみてください。文脈が与えられていない場合、"出租房屋"という例が「動詞＋目的語」構造（家屋を貸し借りする）なのか、「連体修飾語＋中心語」構造（借り家、貸し家）なのか、わかりませんね。では、音節数を変えて、単音節と二音節を組み合わせてみましょう。"出租房"［2音節＋1音節］であれば、まず間違いなく「連体修飾語＋中心語」構造の「借り家、貸し家」であり、「動詞＋目的語」構造ではありません。一方、"租房屋"［1音節＋2音節］であれば、これは必ず「動詞＋目的語」構造の「家屋を貸し借りする」であって、「連体修飾語＋中心語」構造ではありません。これも呂叔湘先生が早くに指摘されたことで、三音節の組み合わせの場合、「連体修飾語＋中心語」構造なら［2音節＋1音節］が常態、「動詞＋目的語」構造なら［1音節＋2音節］が常態なのです。

「連体修飾語＋中心語」構造:"出租房"「借家、貸家」　　"*租房屋"
「動詞＋目的語」構造:"租房屋"「家屋を貸し借りする」　　"?出租房"

　ある組み合わせが「動詞＋目的語」構造なのか、それとも「連体修飾語＋中心語」構造なのかを決めるためには、どれが名詞でどれが動詞であるか品詞で判断するのではなく、どれが単音節でどれが二音節なのかを見ることのほうがずっと重要なのです。同じような現象は他にもあります。

　　碎紙机「シュレッダー」　　*紙碎机

？粉碎纸张机　　　　　　纸张粉碎机「シュレッダー」

　これら上下左右の対立は、"纸/纸张"（紙）が名詞で"碎／粉碎"（砕く）が動詞であるという品詞の違いとは何ら関係がありません。ここで関与的なのは、単音節か二音節（及び語序）という違いなのです。"纸张粉碎机"「シュレッダー」は、たとえ連体修飾語になる"粉碎"が動詞でも"粉碎机"「粉砕機」と省略することができます。しかし、連体修飾語"纸张"は名詞なのに"*纸张机"と省略することができません。単音節が二音節になる「二音節化」も私の最近の研究テーマですが、これも文法的な形態手段の一つであり、「準形態手段」とでも呼べるでしょう。この問題については、いずれまた詳しくお話しすることにします。誤解しないで頂きたいのは、私はべつに中国語において名詞と動詞を分けることについて反対しているわけではないのです。ただ、名詞と動詞の区別はさほど重要ではないと言いたいのであって、品詞を分けることはやはり役に立ちます。たとえば"汽车出租"「自動車のレンタル」について、"汽车"「自動車」が名詞だと知っていれば、これを「動詞＋目的語」構造だと理解することは絶対にありえないでしょう。

2. 印欧語は「名詞と動詞が分立」で、中国語は「名詞が動詞を包含」である

　最近私は中国語と印欧語の違いについてのABCを提言しました。ABCは常識という意味でもありますが、私たちはこのABCを理解するために、百年近い時間を要しました。伝統的な先入観がいかに強いかということがわかりますね。

```
A. 他开飞机。     *He fly a plane.      He flies a plane.
B. 他开飞机。     *He flies plane.      He flies a plane.
C. 开飞机容易。   *Fly a plane is easy. Flying a plane is easy.
```

　AとCの相違については朱徳熙先生が早くに主張し強調されました。私

はBだけを取り上げて強調したいと思います。Aは中国語の動詞が文の中で陳述語になるとき、印欧語と違って、陳述化のプロセスが必要ないことを示しています。たとえば、英語ではflyがfliesになりますが、中国語では動詞"开"は"开"のままです。この点から見ると、中国語の動詞は陳述語にほかなりません。問題のBは、中国語の名詞が文の中で指称語になるとき、印欧語とは違って、指称化のプロセスが必要ないことを示しています。たとえば、英語ではplaneがa planeになるのに、中国語は"飞机"のままで何ら変化しません。この点から見ると、中国語の名詞とは指称語なのです。Cは中国語の動詞が名詞的に使われる時、すなわち主語や目的語となるときに、印欧語と違って名詞化のプロセスが必要ないことを示しています。たとえば、英語でflyはflyingと形態が変わるのに、中国語は"开"のままです。この点から見ると、中国語の動詞は名詞でもあり、動詞は名詞の下位類の一つということになります。Bについて、次の例を見ましょう。

　　老虎是危险的动物。　「虎は危険な動物である」
　　Tigers are dangerous animals. / *The tiger* is a dangerous animal.
　　老虎笼子里睡觉呢。　「虎（たち）は檻の中で眠っている」
　　The tiger is sleeping in the cage. / *The tigers* are sleeping in the cage.
　　他昨天终于看见老虎了。　「彼は昨日ついに（その）虎（たち）を見た」
　　He saw the *tiger(s)/a tiger/tigers* at last yesterday.

　第1例の"老虎"は総称指示で、動物の一種類としての「トラ」を表します。中国語は"老虎"だけですが、英語はtigerのままでは不十分です。第2例の"老虎"は限定指示で、ある特定の一匹あるいは何匹かの虎を指しています。中国語は"老虎"ですが、英語はtigerあるいはtigersだけではだめで、定冠詞のtheが必須です。第3例の"老虎"は文脈次第で、限定指示、不定指示、総称指示のいずれでもありえます。中国語はすべて"老虎"のままですが、英語ではthe tiger(s)、a tiger、tigersなどそれぞれ異なる形態を使わねばなりません。以上三つの例文から、中国語では裸の名詞"老虎"はそのままで様々な指称語になることができるだけではな

く、裸の動詞"是"、"睡覚"、"看見"が陳述語になるときにも、英語の動詞のように単数、複数やテンスによって形態変化する必要がないことがわかります。長い間私たちはBという現象がよく見えていなかったのですが、アメリカのある有名な形式言語学者がこの言語現象に注目して、中国語ではなんと名詞が裸のままで直に主語や目的語になることができるのか！と指摘してくれたのです。

　甲乙二つのカテゴリが対立するとき、そこには二つの対立関係がありえます。一つは、甲でなければ乙であるというように互いに排除する関係で、すなわち「甲と乙が分立」する関係です。もう一つは、甲と乙とが排除しあわないような包容関係で、「甲が乙を包含」する関係と呼びましょう。前者は中国語の"男人"と"女人"のような対立で、後者は英語の man と woman のような対立です。woman はすべて man ですが、man がすべて woman だというわけではありません。つまり man は woman を包含しています。R. ヤコブソン（R. Jakobson）は音素対立理論をもとにして、形態論では後者のような対立的な関係があると早くに指摘しています。

　名詞と動詞の対立について言えば、現在の生成文法は英語から出発して人間の言語はすべて名詞と動詞の分立モデルで対立していると考えています。すなわち、名詞は［＋N］で、動詞は［＋V］というわけです。これは前者のような排除関係の対立しか見ていない結果です。現実には、人間の言語には名詞と動詞の包含モデルもありえます。すなわち、名詞とは［－V］（［V］の特徴を持つかどうかは示していない）で、動詞は［＋V］です。これまで私は何本かの論文で、異なる角度から中国語の名詞と動詞がこのような包含関係であることを論証してきました。

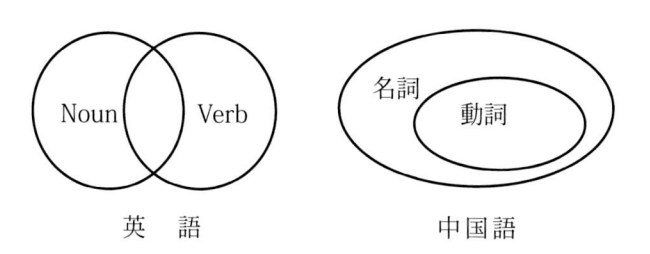

英　語　　　　　　　　　中国語

英語の名詞と動詞の対立はちょうど"男人"と"女人"の関係に似ており、中国語の名詞と動詞の区別は man と woman の関係になぞらえることができます。ご存知のように、英語の man には二つの意味があります。一つは「人間」という意味で、この場合は woman が含まれます。もう一つは「男」という意味で、この場合に woman は含まれません。中国語の「名詞」にも二つあります。一つは動詞を包含しており、もう一つは動詞を包含していません。動詞を包含している名詞は「大名詞」と呼び、動詞を包含していない名詞は「小名詞」と呼びましょう。ある角度から見ると、中国語の名詞と動詞は区別できません。なぜなら、すべての動詞が名詞（大名詞）なのですから。また別の角度から見ると、中国語の名詞と動詞は区別できます。すべての名詞が動詞というわけではなく、「小名詞」は動詞ではないからです。これは名詞が動詞を包含する関係で、動詞が一つの特殊な下位グループとして、名詞という大きな上位グループに包含されているのです。

　つまり「名詞と動詞は分立している」という観点は印欧語の視点ですから、これで中国語を描写しようとすると色々な悪影響が生じます。素朴な目で中国語を見つめ、「名詞が動詞を包含している」という観点を取り入れさえすれば、これまで中国語の文法研究で長きにわたって解決されてこなかった難題が合理的に解決できると思います。いずれこの問題に絞って論じてみたいと思います。

3. 中国語では文法と用法は分けられない。
中国語の文法は、用法を離れると文法として語るものがない

　一般的には「主語」と「述語」は統語論のカテゴリであり、「トピック（主題）」と「コメント（叙述）」は語用論のカテゴリであると考えられています。統語論カテゴリは抽象的で、語用論カテゴリは具体的です。趙元任先生は「中国語の文の主語とは実はトピックのことである」から「中国語では主語と述語をトピックとコメントとして取り扱ったほうがいい」と述べました。これは統語論のカテゴリと語用論のカテゴリを統一する考えです。中国語のトピックと英語のトピックが大いに異なるという点はチェイフ（W. L. Chafe）も指摘しています。チェイフによると、言語にはそれぞれ異

なる性質のトピックがあり、英語のトピックは文頭に置かれた対比性の強い成分であるが、中国語のトピックとは「その後で判断を述べるための、空間的、時間的あるいは人称に関する場」なのです。たとえば、

The play, John saw yesterday. 「その劇ならば、ジョンが昨日見た」
<u>那个人</u>洋名乔治张。 「あの人は、英語名がジョージ張だ」
<u>那些树木</u>树身大。 「あれらの木は、幹が大きい」
<u>星期天</u>大家不上班。 「日曜日は、みんな仕事に出ない」
<u>天空</u>乌云遮日。 「空は、雲が日の光を遮っている」

　第1例は、英語のトピックは対比性が強く、ジョンが見たものは the play「その劇」なのであって別の劇ではないということを表しています。他の4例は、中国語のトピックが日本語の助詞「は」が導くトピックと同じように、ただ単に時空間の場をセットするだけであることを示しています。中国語のトピックが英語のトピックとは性質が違う以上、中国語の主語とトピックの関係も英語の主語とトピックの関係とは異なっています。趙元任先生の指摘は中国語の言語事実に則しており、中国語と英語の違いを言い当てています。
　ふつう文あるいは sentence は統語論の単位であり、発話あるいは utterance は語用論の単位です。前者は抽象的で、後者は具体的です。多くの人は中国語の"句子"「文」と英語の sentence は同じものだと思っていますが、実は中国語の"句子"と英語の sentence は同じものではありません。実際には中国語の"句子"は英語の utterance に相当するだけです。趙元任先生は *A grammar of spoken Chinese* の中で中国語の文は「両端にポーズがある一区切りのことば」であると定義し、中国語の話し言葉では不完全なゼロ文（主語がない、あるいは述語がないもの）が優勢であるとも指摘しています。そして、朱徳熙先生も次のように述べています。英語の sentence には主語と述語が含まれ、生成文法の変形ルールでは S → NP+VP と書かれるが、ここでのNP（名詞句）とは主語、VP（動詞句）とは述語のことである。しかし、中国語では先秦時代の古代漢語から現代の口語に至

るまで、文に主語が無いのは正常な現象であり、無主語文は有主語文と同じように独立した完全な文であると。朱先生は中国語の無主語文を五種類にまとめています：

(1) 主語を入れようがないタイプ：
　　打闪了。「稲妻が走った」　　轮到你请客了。「君がおごる番だ」
(2) 陳述の対象が主語の位置にはないタイプ：
　　热得我满头大汗。　「暑くて、私は汗びっしょりになった」
(3) 陳述の対象が限定されないタイプ：
　　学而时习之，不亦乐乎？
　　　「学びて時にこれを習う、また悦ばし　からずや」
(4) 陳述の対象が話し手自身あるいは聞き手であるタイプ：
　　打算写本书。「本を書くつもりだ」
　　哪天回来的？「いつ帰ったの？」
(5) 陳述の対象を文脈から推測できるタイプ：
　　怎么样？―― 还不错。「どう？」――「まあまあです」

　これらの例を英訳すると、英語ではどの例文にも主語が必要になります。というわけで、朱先生は「中国語において文を確定する最後の手がかりは、ポーズと音調だけである」と指摘されました。このようにして定義される「文」とは、まさに英語で言う utterance（発話）のことなのです。
　先に述べたように、中国語の名詞とは指称語で、動詞とは陳述語です。名詞と動詞は統語論のカテゴリで、指称語と陳述語は語用論のカテゴリですから、中国語の統語論と語用論は一つに統合できる関係だということがわかります。要するに、文、主語と述語、名詞と動詞などは文法を論じるときの最も基本的で重要な道具立て、あるいは理論的なパーツではあるけれど、中国語と英語における違いは、両言語の文法システムに根本的な相違が存在していることを示唆しています。中国語の文法について論じるとき、これまでの習慣と他の言語と比較対照する時の利便性を考えて、文や主語と述語、名詞と動詞などという従来の用語を使っても良いのですが、

これらの用語の中身は英語など印欧語のそれとは大きな違いがあるということを常に意識しておくべきです。

別の二つの角度からも新しい考えかたを論じましょう。それは、中国語では統語論と語用論を切り離しにくいということです。まず、下の例を見てください。

  a. 这本书出版了。　「この本は出版した」
  b. ?这本书出版。　「?この本は出版する」
   这本书出版，那本书不出版。
    「この本は出版し、あの本は出版しない」
   这本书出版不出版？――这本书出版。
    「この本は出版しますか、しませんか？―この本は出版します」

例文 b の前に？マークをつけたのは、ふつう単独では b とは言えず、対比される場合あるいは疑問文への応答の場合にのみ言えるからです。では、a と b の対立は統語論的な対立でしょうか、それとも語用論的な対立でしょうか。統語論の規則には強制性があります。たとえば、英語で this book publish は統語論の規則に反するので、いかなる場合でも言えません。しかし、中国語で b "这本书出版" が一定の文脈で許容される以上、a と b の対立は語用論的な対立だということを示しています。b は語用論的に不適切なだけで、統語論的に正しくないということではないのです。でも、このような答えかたは自己矛盾に陥ります。なぜなら、これと同じような現象がたくさんあるからです。たとえば、

  a. 今儿怪冷的。　「今日は妙に寒い」
  b. ?今儿冷。　「?今日が寒い」
   今儿冷，昨儿暖和。　「今日は寒いが、昨日は暖かかった」
   今儿冷不冷？―今儿冷。　「今日は寒い、寒くない？―今日は寒い」

"今儿冷" も対比の場面か、応答の場面であれば言えます。先の解釈か

らすると、このbも語用論上不適切なだけで、統語論的に間違ってはいないことになります。つまり、aとbの対立は語用論的な対立であるということになります。もしこの対立によって、"冷"と"怪冷的"をそれぞれ違う類に分けるとすれば、たとえば朱徳熙先生は"冷"を性質形容詞に、"怪冷的"を状態形容詞に分けました（訳注：朱徳熙 1956）が、この二つの類は語用論的な分類であって、統語論的な分類ではないということになってしまいます。ところが、私たち（朱先生自身も含めて）はaとbの対立を統語論的な問題として討論し、性質形容詞と状態形容詞が二つの異なる文法的カテゴリであると考えています。中国語の場合、上例のように、単独で言えるかどうかという対立はたくさんあり、決して珍しくない現象なのです。もしもこれらの対立を語用論の問題だというのなら、文法を説明する際、語用論に触れず統語論だけを扱ったところで、はたしてどれだけの文法問題を論じることができるでしょうか。ですから、私は中国語では用法を離れてしまうと、文法を語ることはできない、あるいは、文法の中身がほとんど無くなってしまうといつも言っています。なぜなら、いわゆる文法カテゴリや文法の単位はかなりの程度において語用論的カテゴリと語用論的なユニットで構成されているからなのです。

　別の角度からも見てみましょう。朱徳熙先生は、中国語とラテン語の語順を比較するために「パウロがマリアを見かけた」という意味のラテン語の文を六つ挙げました。

```
Paulus vidit Mariam.      Mariam vidit Paulus.
Paulus Mariam vidit.      Mariam Paulus vidit.
Vidit Paulus Mariam.      Vidit Mariam Paulus.
```

どうして語順がこんなに自由なのでしょうか。なぜならラテン語では、主語には主格マーカーがあり、目的語には目的格マーカーがあり、動詞には主語と一致するマーカーがあるからです。よって、たとえ語順が変わっても、主語と目的語は間違いようがありません。つまり、上の六つの文は語順の違いがあるだけで、構造としては全く何も変わっていないのです。

すべて「主語－動詞－目的語」という構造です。語順の変化が引き起こしているのは文法上の変化ではなく、語用論的な変化、たとえば話題、焦点や視点の変化などにすぎません。これと比べて、中国語の語順の変化は語用論的な変化だけでなく、統語論的な変化も引き起こします。たとえば、

　　我不吃羊肉。「私は羊の肉を食べない」
　　羊肉我（可）不吃。「羊の肉なら、私は食べない」

"我不吃羊肉"は「主語－動詞－目的語」構造ですが、"羊肉我不吃"は"象鼻子长"と同じ「主語－主語－動詞」構造、すなわち主述構造"我不吃"が述語になっている構造なので、両者の統語構造は違います。更にまた、次のペアのような語順の違う二文も実は統語構造が違うと言うことになります。

　　你淋着雨没有？「あなたは雨に濡れましたか？」
　　("布什挨着拳头没有？"「ブッシュはパンチを食らったか」と同じ構造)
　　雨淋着你没有？「雨はあなたを濡らしましたか？」
　　("拳头打着布什没有？「パンチはブッシュに当たったか」"と同じ構造)

　　他住在城里。("孩子掉在井里"「子供は井戸に落ちた」と同じ構造)
　　「彼は街に住んでいます」
　　他在城里住。("孩子在屋里玩"「子供は部屋で遊んでいる」と同じ構造)
　　「彼は街で住んでいます」

上の例文が示すように、ラテン語は統語論的変化と語用論的変化がはっきり分かれているのに対し、中国語では語用論的な変化は多くの場合は統語論的な変化でもあり、統語論的変化が語用論的な変化の中に含み込まれているということがわかります。

4. 中国語の語構成法は複合が主で、派生が従である。中国語の文構成法も、多くの複合的な手段を使っている。

　周知のとおり、語構成のパタンにおいて、英語は派生が中心で、中国語は複合が中心です。派生による語構成では語の意味が「透明」です。たとえば、英語の sweetness「甘さ」という派生語では語根 sweet「甘い」と接尾語 -ness（名詞化語尾）の意味が分かれば、sweetness の意味も見通せます。しかし、複合による語構成では、語の意味が「不透明」です。たとえば"甘苦"「喜びと苦しさ」という単語の場合、"甘"「甘い」と"苦"「苦い」の意味が分かっていても、"甘苦"という複合語の意味が分かるとは限りません。"甘苦"という複合語は一つのゲシュタルト（訳注：全体性をもったまとまりのある構造　gestalt）であって、部分から全体の意味は推定できません。ゲシュタルト性を強調するため、このような複合的な手段を「統合」と呼ぶことにしましょう。

　現在の統語論研究は、文の生成方法に関する研究に力を注いでいます。たとえば生成文法では、すべての文はベーシックな深層構造から語句の位置変化や削除などの文法手段によって変形し派生するものとします。たとえば、英語の受動文 The vase was broken by John「花瓶がジョンに割られた」は語句の位置変化などの変形手段を通じて John broke the vase「ジョンが花瓶を割った」から派生したものだというわけです。しかしながら、文の生成方法にも派生と複合の二つがあるのです。私が一連の論文で論じてきたように、複合は中国語の語構成における重要な方法であるだけではなく、文構成においても重要な方法なのです。複合による文の構成法は本質的に語構成の複合と同じで、いずれも概念あるいは単語の統合です。

　では、統合によって語がどのように作られるかを"的姐"「女性タクシー運転手」という例で見てみましょう。

　　　　　a. 哥哥　　　　　b. 的哥
　　　　　x. 姐姐　　　　　y.（φ）← xb 的姐

　まず、中国語の語彙には"哥哥"（兄：男性）と"姐姐"（姉：女性）と

いう二つの単語があり、また"的哥"（男性タクシー運転手）という単語も存在しています。しかし、「女性タクシー運転手」を指す単語が欠けて（φで表示）います。そこで、b"的哥"から"的"、x"姐姐"から"姐"をそれぞれ取ってきて"的姐"という単語ができます。かくして"的姐"をyの空白箇所に入れれば、a：b＝x：yという完璧なマトリックスが完成します。通常"的姐"は"的哥"をまねて類推してできた語であると言われますが、すべての類推には a:b＝x:y というマトリックスが基礎にあるのです。類推は「揉み合わせ」という複合的な手段を通して生まれるのです。

では次に、統合によって文がどのように作られるかを見てみましょう。"王冕死了父亲"「王冕は父親を亡くした」という文があります。英語では*John died his father とは言えないことに注意してください。もしも派生式の文構成法であれば、この文は次のように生成されることになります。

"死了王冕的父亲"「王冕の父親が死んだ」＋"位置移動／削除"→"王冕死了父亲"

しかし、この文はむしろ"的姐"の生成方法と同じはずです

  a. 王冕的钱包丢了 b. 王冕丢了钱包
   「王冕の財布が無くなった」 「王冕は財布を無くした」
  x. 王冕的父亲死了   y.（一）← xb 王冕死了父亲
   「王冕の父親が亡くなった」 「王冕は父親を亡くした」

まずa"王冕的钱包丢了"「王冕の財布が無くなった」とx"王冕的父亲死了"「王冕の父親が亡くなった」という文が並行して存在しています。b"王冕丢了钱包"「王冕は財布を無くした」は「王冕は財布をなくしたことで損を被った」というニュアンスを含んでいますが、「王冕は父を亡くしたことで損を被った」というニュアンスを表せる文が欠けています。そこで、b"王冕丢了钱包"の一部"王冕"を取り、また"王冕的父亲死了"の一部（"父

親"、"死")を取って組み合わせ"王冕死了父亲"という文が生まれます。この"王冕死了父亲"をyに入れれば、"的姐"と同じようにa:b＝x:yというマトリックスが完成しますね。

　一見特殊な例についても見てみましょう。中国語で"他的老师当得好"は「彼は先生としてよくやっている」という意味で、英語で逐語訳した His teacher teaches well「彼の先生はうまく教えている」という意味ではありません。また、"老王是去年生的孩子"は「王さんは去年子供が生まれた」という意味で、やはり英語の逐語訳 John is a baby born last year「ジョンは去年生まれた子供だ」とは異なります。また、"你结你的婚，我静我的坐"「あなたが結婚したいなら好きなようにすればよい、私は私なりに座り込みをします」のような文も揉み合わせ式の複合として説明することができます。英語の形態変化は簡略化がどんどん進んでいて、複合による文の生成も多くなってきました。たとえば、

　Don't write anything you can phone, don't phone anything you can talk face to face, don't talk anything you can smile, don't smile anything you can wink and don't wink anything you can nod.　(*Earl Long*)

　董橋氏は、この英文を以下のような中国語に訳しています：

　能够在电话里谈的事情千万不要写在白纸上；当面能谈的事情千万不要在电话里说；轻轻一笑能带过去的就千万别唠叨；眨眨眼睛示意一下既然行了，那就不要微笑；点头可以了事的则不必使眼色。「電話で話せることは紙に書いてはいけません。直接会って話せることは電話で済ませてはいけません。笑顔で済むことなら決してくどくど言ってはいけません。ウインクで済むなら笑顔を作ってはいけません。うなづいて済むならウインクしてはいけません。」

　ここで smile と wink はどちらも自動詞ですが、ともに目的語を伴って

います。これも類推による複合の結果です。

```
            a. talk             b. talk something
            x. smile            y. (φ) ← xb. smile something
```

　何事であれ、主と従を分けねばなりません。英語でも複合によって構成される文はありますが、中国語ほど数が多くなく、重要ではありません。それに対して、中国語では派生によって生成される文はありますが、英語の派生ほど普遍的な現象ではないのです。

5. 中国語は「主観性」が強く、「感情移入」を表わす成分が多い

　いわゆる「主観性」（subjectivity）とは、話し手がことばの中に態度、立場、感情など「自分自身」の印しを残すことです。言語類型論から見ると、主観性の比較的強い言語があります。たとえば、日本語は敬語体系が発達していて、話し手が話の内容や聞き手に対する態度、感情を明確な形式で表す必要があります。中国語を含む東アジアの言語の受動文は「不如意」の被害の意味を伴うことが多いのですが、これも主観性の強さの表れであると言えます。中国語の虚詞の多くも主観的な意味を表わします。たとえば"就"と"才"という副詞はペアをなしており"吃了三碗就不吃了"「三杯食べただけで、もう食べなくなった」の"就"は"三碗"が主観的に見て少量であることを表し、"吃了三碗才不吃"「三杯食べて、やっと食べなくなった」の"才"は"三碗"が主観的に大量であることを表しています。近年、虚詞の主観性に関する研究、特に語気詞と談話マーカーに関する研究は大きな進展が見られますが、今はこの方面の研究に関して触れないでおきます（訳注：詳細は第四講を参照）。ここでは、構文がどのように主観性を表すか、三つの主観的な構文（主観的処置構文、主観的得失構文、主観的同定構文）に焦点を絞ってお話しします。

① 主観的処置構文－"怎么把个晴雯姐姐也没了"
　"把"構文は処置文とも言います。"我把他打了一顿"「私は彼をこっぴ

どく殴った」は"我"「私」の"他"「彼」に対する処置です。では、一般的な動詞述語文"我打了他一頓"「私は彼をこっぴどく殴った」だって彼に対する処置ではないのか、と聞かれたらどうでしょう？また、一般に"把"構文の目的語は、たとえば代名詞"他"「彼」のように、特定の対象でなければなりません。では、『紅楼夢』（第79回）に出てくる"怎么把个晴雯姐姐也没了"「どうして晴雯お姉ちゃんが亡くなっちゃったの」という文で、固有名詞の"晴雯姐姐"は特定の対象であるにもかかわらず、なぜその前に"(一)个"をつけなければいけないのでしょうか？また、"没(mò)"はここでは自動詞なのになぜ"把"構文に用いられて処置を表わすことができるのでしょうか？さらに、通常"把"構文の述語動詞は複雑な形式でなければいけません。たとえば、"*我把他打"とは言えず、動詞を複雑にして"我把他打了一頓"のように言うべきなのです。しかし、近代中国語の研究者は"把"構文が形成された当初は述語動詞がすべて簡単な形式であったことを発見しました。これについてもどのように説明すればよいでしょうか？

　この問題を解くカギは、互いに関係がありつつ性質の異なる二種類の「処置」を「客観的処置」と「主観的処置」に分けることにあります。

　　客観的処置…甲（動作主）が意識的に乙（受動者）に対して何らかの影響を与える処置をしたもの。
　　主観的処置…甲（動作主とは限らない）が乙（受動者とは限らない）に対して、ある処置を行なった（何かの影響を与える、意識的な処置であるとは限らない）と話し手が認めるもの。

　甲が乙に対して処置することを客観的に叙述することと、話し手が処置を主観的に認めることは、何の関連性もないわけではありませんが、異なることです。私は2002年に発表した『如何処置"処置式"？』「処置構文をどう処置するか」という拙論の中で、"把"構文の文法的意味は「主観的処置」を表わすことにあると論じました。つまり、この構文は話し手の処置対象への感情移入を伝えるのです。"怎么把个晴雯姐姐也没了"とい

う文では、話し手の"晴雯姐姐"に対する強い感情を表現しているのです。『紅楼夢』の例をもう一つ挙げてみましょう。第24回の中で賈芸が鳳姐に語ることばの中で"把"構文とふつうの動詞述語文がともに出現する一文があります。

　　先把这个派了我罢，果然这个办得好，再派我那个。「先にこの仕事を任せてください。これができたら、またあれをやらせてください」

"先把这个派了我罢"は"把"構文で、"再派我那个"は一般的な動詞述語文です。この場面で、賈芸はあれこれ方法を考えて鳳姐に大観園の中で花や木を植える「この仕事」がしたいと一心に願い出ます。しかし鳳姐は来年の花火の手伝いの話を持ち出し、お茶を濁します。賈芸は来年の花火が大きな仕事だと知りながらも、自分には高嶺の花であり、それよりも目の前の「この仕事」をしたかったのです。「この仕事」こそが賈芸の憧れの対象なので"把"構文を用いて"把"の目的語に据え、「あの仕事」は憧れの対象ではないので一般的な動詞句の目的語にしています。もしこの二つの配置を変えてみると、情況は大きく変わるでしょう。

　　先派我这个罢，果然这个办得好，再把那个派我。「先にこの仕事をやらせてください。これができたら、あの仕事を任せてください。」

この文だと賈芸はおそらく「この仕事」を仕方なしに引き受け、「あの仕事」を心からやりたがっているという意味になってしまいます。

「主観的処置」の意味機能こそが"晴雯姐姐"の前に数量詞"(一)个"をつける根拠となります。なぜならば"(一)个"は主観的な少量を表す時によく用いられるからです。"看把个大小伙子愁的"「見てごらん、大の男がくよくよしているよ」という文は、話し手の弱者への同情を表しています。"把"構文が形成されたばかりの頃、述語部分は単純形式でしたが、後に変化して複雑形式になりました。"把"構文は多用された結果、その意味機能が弱まり主観的処置の意味合いも薄れてしまったのです。そこで、

述語部分を複雑化することによって主観的処置の意味機能を再び強化したのだと考えられます。

② 主観的得失文－"王冕七岁上死了父亲"

　この例の動詞"死""死ぬ"は誰もが認める自動詞で、名詞性成分は一つしか取れません。にも関わらず、なぜここで"王冕"と"父亲"という二つの名詞成分が共起しているのでしょうか？たとえば、英語では*John died his father は非文法的で、成立しません。また、"王冕死了父亲"「王冕は父親を亡くした」とはいえますが"*王冕病了父亲"「*王冕は父親を病気にした」とは言えません。これについては、"死"と"病"が同じ自動詞の中でも別のグループに属しているので、両者の統語論的性質も異なるのだと説明する人もいます。しかし、"王冕家病了一个人"「王冕の家に病人が一人出た」や"王冕病了一个工人"「王冕は社員が一人病気になった」と言うことはできるのです（後者の例文は王冕が職場の責任者という身分であるような場合）。また"王冕七岁上死了父亲"「王冕は七歳の時に父親を亡くした」とは言えますが、"王冕七十岁死了父亲"「王冕は七十歳の時に父親を亡くした」は変です。なぜなのでしょうか？

　私は以前に発表した二本の拙論でこれらの文を「主観的得失文」と名づけて論じました。"王冕七岁上死了父亲"のような文が成立するかどうかは、客観的な損得の量と関係はありますが、結局のところは話し手が損得の大小を気にすると考えるかどうかにかかっています。この種類の構文的意義は"计量得失"（損得の量を比べる）というよりは"计较得失"（損得勘定でものを考える）と言うほうが適当です。"计量"「計量」とは客観的な計算ですが、"计较"「損得勘定」は主観的なこだわりです。"王冕病了工人"とは言えませんが、"工人"の前に数量詞の"一个"を加え"王冕病了一个工人"とすれば文が成り立ちます。まさに話し手が損得にこだわって発話していることがわかります。しかし、ここで皆さんに誤解してほしくないのは、私は中国語の"死"と"病"を二類に分けることを否定しているわけではないということです。私が言いたいのは、そのような分類は中国語にとってさほど重要ではないということなのです。この分類よりもっと

重要なことがあります。"王冕家病了一个人"や"王冕病了一个工人"は、どちらも話し手が損得にこだわって発話しており、王冕の家や責任者である王冕の立場に感情移入していると考えられます。"病"と同じような自動詞が二つの名詞性成分をとる実例は少なくありません。以下はそのような例文です。

　　郭德纲一开口，我们仨就笑了俩。
　　　「漫才師の郭德綱が口を開けば、私たち三人のうち二人が笑った」
　　在场的人哭了一大片。　「会場で大勢の人が泣いた」
　　不到七点，我们宿舍就睡了两个人。
　　　「七時前に私たちの寮で二人が寝てしまった」
　　今天上午这台跑步机一连跑过三个大胖子。
　　　「今日の午前中このランニングマシーンで続けてデブが三人走った」
　　他们办公室接连感冒了三四个人。
　　　「彼らの事務室で続けて三四人が風邪をひいた」
　　学校毕业了一批又一批，同学结婚了一个又一个。
　　　「学校から次々と卒業生が出て、学生は次から次へと結婚した」

③ 主観的同定文－"我是去年生的孩子"

　表題の例文"我是去年生的孩子"「私は去年子供を生んだのだ／私は去年子供が生まれたのだ」のような"去年生的"を「準連体修飾語」や「ニセの連体修飾語」と呼ぶ人がいます。形の上では連体修飾語ですが、意味から見ると"孩子"を修飾する働きをしていないからです。中国語には、この例文のように形式と意味がずれるミスマッチ現象が多いのです。この種の文の形成については「後置目的語説」と「後置主語説」という二つの学説があります。前者ではまず"我是去年生孩子的"「私は去年子供を生んだのだ」という原文があり、目的語"孩子"が"的"の後ろに移動したと考えます。一方、後者は"我孩子是去年生的"「私の子供は去年生まれたのだ」の主語"孩子"が"生的"の後ろに移動したと考えます。学習者にこの二説を説明しても役には立たないでしょう。そもそも、なぜこのよ

うに移動するのか？移動するかしないかは、どのような違いによるものか？問題は尽きません。私は 2008 年の拙論『"移位"还是"移情"？』「位置の移動か、それとも感情の移入か？」で、この種の文が話し手の感情移入と主観的同定を表していると論じました。次のａとｂを比較してみましょう。

   a. 我是去年生的孩子。　「私は去年子供を生んだのだ」
   b. 我是美国太太。　　　「ウチはアメリカ人の奥さんだ」

   a. 我是昨天出的医院。　「私は昨日退院したのだ」
   b. 我是协和医院。　　　「私は協和病院だ」

　私たちはふつうｂ類の文が特別に変だとは感じません。それは中国語の主語と述語の関係が緩いものだと認めているからです。たとえば、"我是炸酱面"「私はジャージャー面だ」、"人家是丰年"「彼らは豊作だ」、"他是两个男孩儿"「彼は男の子二人だ」などの文も成立します。日本語でも同様の文法現象が見られます。"我是鳗鱼"「ぼくはウナギだ」は有名な「うなぎ文」です。妻が夫より年上の場合、日本語で「彼は姉さん女房だ」と言えますね。では、ａ類の文が「形式と意味のミスマッチ」と言われるのはなぜでしょうか？"我"「私」が"孩子"「子供」や"医院"「病院」とイコールの関係ではないからだけでしょうか。実際、ａとｂの文型、語義分類はとても類似していますし、主観的同定の意味を表しています。客観的には"我"「私」は"孩子"「子供」ではないですし、これは"我"「私」が"太太"「奥さん」ではないのと同じことです。しかし、主観的に話し手が"我"「私」と"我的美国太太"「私のアメリカ人の奥さん」を同列に扱えるのなら、同じように"我"「私」と"我的去年生的孩子"「私の去年生まれた子供」も同等だと扱っていいでしょう。"昨天出的"「昨日退院した」も"协和"「協和」も同様に"医院"「病院」の修飾語なのです。客観的にはもちろん"我"「私」は"医院"「病院」ではありませんが、主観的には"我"「私」と"医院"「病院」を同一視しているととれます。"我的太太是美国人"「私の奥さんはアメリカ人だ」や"我娶的是美国太太"「私が娶ったのはア

メリカ人の奥さんだ」などと比べると"我是美国太太""ウチはアメリカ人の奥さんだ」は言い方自体シンプルですが、このシンプルさが力を生み、話し手の自分の妻に対する強烈な感情を表すこととなるのです。"感时花溅泪，恨别鸟惊心。"「時に感じては花も涙をそそぎ、別れを恨みては鳥も心を驚かす」(杜甫『春望』)と言うではありませんか。話し手は人にだけではなく、物に対しても感情移入できます。最近『北京青年報』で"我是iPod"「私はiPodだ」という題の記事を目にしました。記事によると、多くのアメリカ人は「iPod愛」のもとで、新製品が出れば、それが何であれ無条件に買いに走るという現象が起きているようです。

ある文型の用法だとか、文法規則だとかを説明するだけでは、学生たちはおそらく「木を見て森を見ず」という状況に陥ってしまうでしょう。「群盲、象を撫でる」というように、文の感性を全体的に把握することができません。ここで、董橋氏のおっしゃった"人心是肉做的"「人の心だって、肉でできている」という言葉を思い出します。言葉だって同じように肉でできているのに、文法規則は理性的なルールを説明できても、感情の波動は必ずしも明確に解説できるとは限らないのです。"櫻桃红了，芭蕉绿了"「サクランボは赤くなり、芭蕉は緑になった」は理性的で冷静な叙述ですが、"红了櫻桃，绿了芭蕉"「サクランボは赤く色づき、芭蕉も緑に色づいた」(訳注：宋代の詩人蒋捷の詩『一剪梅・舟過呉江』の一句)は感性のこもったクリエイティブな表現になるのです。中国語の文法を教えるうえで、学生に中国語文法の特徴を理解させるには、中国語の表現に含まれる話し手の「感情の波動」を実際に体得させることが非常に大事です。

6. 英語は"是"を重視し、中国語は"有"を重視する。

まずは二つの名言を見ていただきましょう。シェークスピアの『ハムレット』の一節 To be, or not to be: that is the question.「生か死か、それが問題だ」ですが、中国語訳は"生存还是死亡，问题就在这里"「生存か死亡か、問題はそこにある」となります。また、曹雪芹の『紅楼夢』第一回「太虚幻境」に出てくる対聯の下の句には"无为有处有还无"「無を有と為すところ、有も無なり」とあります。もう少し大衆的な作品を例

に挙げますと、アメリカのポピュラー音楽の歌手Peggy Leeの歌のタイトルは"Is that all there is?"で、これを中国語に訳すなら"如是而已"「斯くの如きのみ」とでもなるでしょうか。やや文語的になりますが…。この歌の中ではIs that all there is? Is that all there is? と繰り返し歌われています。さらに趙本山と小沈陽が演じたコント『金なら足りている』の中では"这个可以有，这个真没有"「これ有ってもいい、あれマジで無い」という有名な台詞のやり取りがありました。ここで注目してもらいたいのは、英語は"be"を多用し、中国語は"有"を多用している点です。

否定詞に関する最近の私の研究で、同定・存在・所有という三概念について「意味地図」を描いてみたところ、英語と中国語の意義区分は下のように一致しませんでした。

概念	英語	中国語
同定	Be	"是"
存在	Be	"有"
所有	Have	"有"

英語では"be"の意味範囲が広く、同定と存在の二概念をカバーしています。一方、中国語の"有"も意味範囲が広く、存在と所有の概念を含んでいて、「存在」とは「存有」でもあります。中国語で"有"と"是"は独立した概念であり、それぞれ"有"の否定語は"没"、"是"の否定語は"不"です。また、中国語ではふつう"是"の表す同定概念は古代漢語の"陈婴者，故东阳令史"「陳嬰なる者、もと東陽の令史たり」であれ、現代中国語の"老王上海人"「王さんは上海人だ」であれ、"是"を用いなくてもよいのです。

"是"が着目するのは「そのことをするか、しないか」です。「それであるか、それではないか」と同じように「是非」の問題なのです。「是非」の問題は主観的な判断を表わし、客観叙述ではありません。"是"の語源は「これ」と指す「指示」と関係があり、派生義が「是非」と関係し、語源的にも派生義にも主観性があります。一方、"有"のほうは「そのことが有るか、無いか」が着眼点になっていて、つまり「是非」ではなく「有無」の問題

であって、客観的な叙述です。"有"は三千年あまりの間「所有」と「存在」を同時に表わしてきました。中国人にとって「所有」と「存在」の間には非常に緊密なつながりがあります。両者は言い換えることができ、"X 拥有 Y"「X は Y を所有する」は"X 那儿存在着 Y"「X のところに Y が存在する」と同じ意味です。次の例を比較してみましょう。

　　所有：你还有多少钱？「君は、あといくらお金を持っているの？」
　　存在：你手里还有多少钱？「君の手元には、あといくらお金が
　　　　あるの？」

　英語で「同定」概念を表すときは be を用い、「存在、存有」の概念では there be を用い、やはり be から離れることはありません。また、be を否定するのは not だし、there be を否定するのも同じ否定詞 not です。つまり、英語では"是"と"有"をさほど区別しておらず、there be という「存在」も be「同定」の一種類だと考えています。英語の have は「所有」を表し、there be は「存在」を表します。英語では「所有」と「存在」が別の概念なのです。
　中国人が英語を勉強する時、先生はまず学生たちに there is の用法を教えます。たとえば、"公园里有很多游人"「公園に多くの人がいる」を The park has many people. と言ったりしないように、ちゃんと There are many people in the park. と訳すように指導します。逆に西洋人が中国語を学ぶときには"山上有座庙"「山の上にお寺がある」とすべき表現を英語風に"山上是座庙"「山の上はお寺だ」としてしまうことがよくあります。つまり、西洋人にとっては to be なのか not to be なのか、「それか、それではないのか」が一番の関心ですが、中国人にとっては「有か、無か」が一番の問題なのです。
　中国語では名詞も動詞も同じ否定詞"没"で否定できますね。中国人からすると「コレが有るか無いか」と「こんなコトが有るか無いか」の区別は大した問題ではないのです。

有车	没有车 / 没车	有没有车
「車がある」	「車がない」	「車が有るか、無いか」
有去	没有去 / 没去	有没有去
「行った」	「行ってない」	「行ったか、行ってないか」

　標準中国語では"有去"「行った（行ったことが有る）」という言い方はあまりしませんが、南方方言の影響を受けて、このように言う人がどんどん増えています。それも当たり前のことで、古代漢語ではそう言えたのですから。中国語は歴史的に否定語が入れ替わってきましたが、いずれの時代にも、名詞と動詞の両方を否定できる語は必ず存在していました。中国語とは逆に、英語では be「同定」と there be「存在」はさほど区別されず、「コレが有るか無いか」（否定語には no を用いる）と「こんなコトが有るか無いか」（否定語は not を用いる）をまず区別します。つまり名詞を否定するのか、それとも動詞を否定するのかが最初に区別されるのです。
　ここまでの話をまとめると、英語は「名詞と動詞が分立」で「『同定』が『存在』を包含」しており、there be「存在」は be「同定」の一種にすぎません。中国語では「『同定』と『存在』が分立」している代わりに「名詞が動詞を包含」しており、動詞も名詞の一種なのです。中国語文法にある印欧語との数多くの相違点は、もとをただせば全てこの出発点にたどり着くでしょう。たとえば、英語の完了形は have を用いて Have you said it? といいます。一方、過去形は have を用いず Did you say it? となりますね。中国語の"有"は英語の have と同じではありません。"你说了没有？"「君、言ったの？」の答えは"说了"「言った」か"没有说"「言ってない」であり、"有"と完成を表す"了"は通じあっています。しかし"你说过没有？"や"你有说过没有？"という表現も、現在では北方でもよく聞かれるようになり、"有"を用いることができます。中国語と英語のアスペクト（aspect）の異同をはっきり説明するためには、先に示した意味地図を理解する必要があります。ここに至れば、中国哲学と西洋哲学の異なる背景に触れないわけにはいきません。以下に趙元任先生の言葉を引用します。

英語の"There is"を中国語に直訳することはできない。中国語には"有"しかないのだ。"There is a man."を中国語訳すると"有人"となる。都合のいいことに"There is"も"has"も"有"と訳す。しかしながら"有"と"是"の示す"is"には何の関係もない。それゆえに、西洋哲学で「存在（being）」と関係のある問題を中国語で説明するのは難しい。「存在」と"是"の関係を殊更に切断しない限り、「存在」と"有"がつながりを持つことはない。

　ほかにも多くの哲学者が議論を繰り返してきましたが、西洋の哲学ではbeingをめぐって形而上学的な思弁に入りましたが、中国の秦代の名家は"有"の考察を通じて形而上学的な思考を巡らせてきました。「有るか、無いか」こそが中国の伝統的哲学本位論の中心概念でした。中国人は類比することに慣れているので、"是"「…である」を"好像是"「…のようである」や"就当是"「…であることにする」に変えてみたり、"甲，乙也"「甲は乙なり」が伝統的な訓詁学の基本文型として使われていたり、また"我是美国太太"「私はアメリカ人の奥さんだ」や"我是炸酱面"「私はジャージャー麺だ」のような言い方まで成立しますから、中国語にとっては"是不是"の議論を深く追求する価値も注目する意義もなかったのです。これは中国が「"是"『同定』と"有"『存在』が分立」であるのに対して西洋が「"是"『同定』が"有"『存在』を包含」している、という相異なる哲学的背景によるものだと考えられます。

　また、中国哲学では早くから"物"と"事"のつながりに注目していたことも指摘されています。鄭玄は"物"について『大学』で"物，犹事也"「物、事のごとくなり」と言い、この考え方はその後もずっと受け継がれてきました。朱熹は『大学章句』で、物に対するこの定義を継承し、王陽明も"物即事也"「物は即ち事なり」と考えています。おそらくこれこそ西洋言語が「名詞と動詞が分立」なのに対して、中国語では「名詞が動詞を包含」しているという大きな違いの後ろにある哲学的背景なのでしょう。

まとめ

　話が随分長くなってしまいましたので、最後に簡単なまとめをしておきます。中国語の文法研究は「印欧語から脱却すべし」という今回のタイトルを見ると、まるで「印欧語の視点」がネガティブなもののように聞こえるかもしれません。しかし、私はそのような意味合いで言っているのではなく、「印欧語の視点の束縛から脱却しなければならない」と言いたいのです。印欧語の枠組みをそのまま中国語に当てはめることはもちろん正しくありませんが、印欧語の視点から中国語を観察することは必要なのです。先にも挙げた例ですが、私たちは中国語を中国語の視点から見るということに慣れ過ぎていたため、中国語の裸名詞がそのままで指称語になれるというとても大事な現象になかなか気づくことができませんでした。この現象は中国語の特徴の一つです。こういう意味から言えば、私たちは印欧語の視点だけでなく、たとえばアフリカやアメリカインディアンの言語などの視点を持つことも必要でしょう。日本の中国語文法学者の中には、私の見る限り中国人学者よりも優秀な研究をしている人もいます。彼らは日本語の視点から中国語を見て、私たちには見えないような現象を発見し、私たちに新たな啓発を与えてくれます。どの言語を研究するにしても、他の言語と比較対照してこそ初めて深い認識を得ることができるものであって、中国語の研究もその例外ではありません。

　不识庐山真面目，只缘身在此山中。
　「廬山の真の姿を知ることができないのは、自分がその山の中に身を置いているからだ」

（蘇軾『題西林壁』より）

　最後に蘇東坡の名言を引いて、この講演を締めくくることにします。
　ご清聴、ありがとうございました。

参考書目

　中国語の特徴に関する旧来の理解については、呂叔湘（1979）、朱徳熙（1985）；名詞、動詞、形容詞が重畳することで描写語になる現象については、华玉明（2008）；中国語の名詞が動詞を包含していることについては、沈家煊（2007a）、（2010b）；中国語では文法と語用が分けがたいことは、赵元任（1968）、朱徳熙（1985）；中国語の複合による文構成については沈家煊（2006a）、（2006b）、（2007b）、（2009）；中国語の構文が表す主観性については沈家煊（2002）、（2008）；英語ではbeを重視し、中国語では"有"を重視することについては、沈家煊（2010a）をそれぞれ参照のこと。

講演記録

　2010年12月5日の立命館大学大阪孔子学院、同年12月8日の神戸市立外国語大学中国語学科における講演。

第二講　言語事実の描写と解釈
—文法研究の方法二例をめぐって—

　東京に来る前に講演内容を大東文化大学の大島吉郎教授に相談したところ、研究方法を述べるようにと依頼されて、今日のテーマが頭に浮かびました。言語の研究をしたり、論文を書いたりする作業は、「言語事実の描写と解釈」に他ならないからです。

　中には、描写こそが何より重要だという人がいます。言語事実を数多く並べて解釈をしないほうがくどくどと解釈をすることよりも大事であるというわけです。「穴あき硬貨とそれを通す紐」という喩えを借りて言えば、描写が硬貨で、解釈が紐にあたります。硬貨は当然紐よりも価値があるので、描写が少なくて解釈が多いのは、元手のお金が少ないくせに大きな商売をしたがるようなものだと言うわけです。一方で、この比喩は適当ではなく、解釈こそが重要であり、言語事実をただ描写するだけで解釈をしないことにいったい何の意味があるのかと言う人もいます。今や中国でも市場経済が盛んに行われており、少ない元手で大きな商売をすることこそが称賛に値する実力なのだと彼らは言います。こんな二つの主張は真っ向から対立して互いに譲ろうとしませんが、今日は私が最近行った二つの研究をサンプルとして紹介しながら、描写と解釈の関係について述べたいと思います。一つは現代中国語について、もう一つは古代漢語についての研究です。ご参考になれば幸いです。

第一例　「李白」と「杜甫」の導入

　朱鴻著『大時代の英雄と美人』を読みました。シリーズ本の最後の一篇『詩人は多難』で唐代詩人の出生について述べています。全文は25段落、各段落で一人ないし二人の詩人が紹介されていて、詩人はそれぞれ出生年の順に登場します。最初と最後以外の各段落の一句目は、そこで述べようとする詩人の導入部分になっていて、以下のような文とともに詩人が登場します。

第二講　言語事実の描写と解釈

（二）大约在王绩出生四十年之后，骆宾王出生于婺州义乌一个书香之家。

（三）大约在骆宾王出生十年之后，卢照邻出生了。

（四）大约在卢照邻出生之后十四年，王勃和杨炯问世。

（五）在王勃和杨炯六岁那年，宋之问呱呱坠地。

（六）在宋之问出生之后五年，陈子昂降临人间。

（七）在陈子昂出生十八年之后，张九龄出生。

（八）王之涣小张九龄七岁，是公元 688 年出生的。

（九）孟浩然小王之涣一岁，是襄州襄阳人。

（十）王昌龄小孟浩然一岁，生于公元 690 年。

（十一）大约在王昌龄出生十年前后，王维出生。

（十二）李白小王维一岁，是公元 701 年下凡的。

（十三）高适小李白一岁，大约出生于公元 702 年。

（十四）大约在高适出生之后十年，杜甫出生。

（十五）岑参小杜甫三岁，是南阳人。

（十六）在岑参出生三十六年之后，孟郊出生于湖州武康。

（十七）孟郊出生之后十八年，韩愈登陆于河南河阳。

（十八）韩愈出生五年之后，刘禹锡和白居易问世。

（十九）柳宗元小刘禹锡与白居易一岁，是早逝。

（二十）柳宗元出生之后六年，元稹和贾岛出生。

（二十一）元稹和贾岛出生十二年之后，李贺出生。

（二十二）李贺出生十四年之后，杜牧闯入人间。

（二十三）大约杜牧出生之后十年，李商隐出生。

（二十四）大约李商隐出生之后二十年到三十年之间，黄巢一声啼哭，来到曹州冤句一个商人之家。

　　ここでただ単に 23 個の文を羅列して何のまとめもしないままでは、皆さんもきっと不満でしょうし、興味もわかないでしょうから、少しばかりまとめてみましょう。
　　上例で詩人を登場させる文には二つの形式が使われていました。李白と杜甫を例とすると

a．Y 小 X n 岁。（李白 $_Y$ 小王维 $_X$ 一 $_n$ 岁。）
　　　　「李白は王維よりも一つ　年下である」
　　b．X 出生之后 n 年 Y 出生。（高适 $_X$ 出生之后十 $_n$ 年，杜甫 $_Y$ 出生。）
　　　　「高適が生まれて 10 年後、杜甫が生まれた」

　事実の描写はこれで十分でしょうか？まだ十分とは言えませんね。たとえば、李白が登場する文は a' ではなく a であり、杜甫が登場する文は b' ではなく b であるのは何故なのでしょうか。

　　a．李白小王维一岁。　　「李白は王維よりも一つ年下である」
　　a'．王维大李白一岁。　　「王維は李白よりも一つ年上である」

　　b．高适出生之后十年，杜甫出生。
　　　　「高適が生まれて 10 年後、杜甫　が生まれた」
　　b'．杜甫出生之前十年，高适出生。
　　　　「杜甫が生まれる 10 年前、高　適が生まれた」

　これは答えやすい問題です。登場人物は叙述の対象であり、李白や杜甫を登場させることとは、李白や杜甫を話題とすることです。話題は文頭に置かれて文の主語となるのが普通ですが、a' や b' では李白と杜甫は文の主語になっていません。この二文はそれぞれ、王維がどうだとか、高適がどうしたとかを述べており、李白や杜甫がどうであるかという叙述にはなっていないからです。もう既に解釈を始めていることになるのですが、これは大した解釈でもありませんから、もう一歩進んで、次にこういう問いかけをしてみましょう。李白や杜甫が文の主語や話題になっているにもかかわらず、李白や杜甫が登場する文がどうして a'' や b'' ではないのでしょうか。

　　a''．李白大高适一岁。　　「李白は高適より一つ年上だ」
　　b''．岑参出生之前三年，杜甫出生。
　　　　「岑参が生まれる 3 年前に、杜甫は生まれた」

この問いにも答えやすく、作者が一篇を通して採用している叙述の順序は「旧から新へ」であって、「新から旧へ」ではないからです。

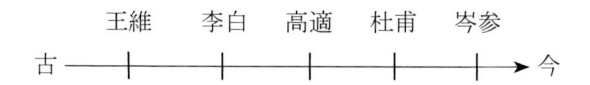

```
           王維    李白   高適   杜甫   岑参
古 ————————+——————+——————+——————+——————+————▶ 今
```

　aとbの表現方法はこの叙述順序と一致しており、a"とb"の表現方法はこの叙述順序と逆になっています。この解釈もたいしたものではないので、更に一歩進んでこういう問いかけをしてみましょう。実は私自身もいちばん興味のあることなのですが、作者はaとbの形式を交替で用いていますが、そこに何か規則があるのでしょうか？別に規則などなく、ただ単調になることを避けるために、適当に二つの形式を混ぜて書いているのでしょうか？細かく観察したところ、適当に形式を選んでいるのではなく、実はそこに現れる詩人二人の年齢差と関係があることが分かりました。

　1）歳の差が1〜3歳であればa形式を使う。（6文、その割合は26%）
　2）歳の差が10歳以上あればb形式を使う。（12文、その割合は52%）
　3）その間であればaとbを混用する。（5文、その割合は22%）。

　もしも歳の差が1〜3歳しかない時にbを用いたり、年の差が10歳以上の時にaを用いたりすると文法的には正しくとも、読んでみると少し不自然な感じがします。つまり用法としては適切でないと言えるのです。この先、用法上正しくないものには例文の前に？マークをつけます。

　　？在王維出生一年之后，李白問世。
　　　「王維が生まれて1年後、李白が世に現れた」
　　？孟郊小岑参三十六岁。　「孟郊は岑参より36歳年下だ」
aとb二形式を使い分ける大きな傾向としては、出生年の差が小さい場合にはaを用い、大きい場合にはbを用いて、その差が長くも短くもない時には両者を混用しています。仮に、A、B、C、Dが出生順によって並ぶ四人

の詩人だとすると、

$$A ——— B — C —— D$$

AとBの間は長いのでbを用いています。BとCの間は短いのでaを用いています。CとDの間は長くも短くもないのでaとbを兼用しています。

　二つの形式の選択と話題の登場人物ふたりの年齢差を関連付けることも事実の描写ですが、この興味深い事実について更に一歩進んで、なぜこのような関連性が生じるのかについて考えてみたいと思います。

　これは言語の有する距離的図像性（distance iconicity）という原則が作用しているのです。簡単にいえば、図像性とは、言語の構造が人間の認識する客観世界の構造に類似あるいは対応していることを指しています。ここでは「人間が認識する」という修飾語が重要です。"一本书""一冊の本"は英語では one book、"两本书""二冊の本"は two books と表されますが、複数の books は単数の book よりも音素が一つ多くなります。これが数的な図像性です。中国語で"我的爸爸""私の父"は"我爸爸"とも言えますが、"我的书包""私のカバン"は"我书包"とはふつう言いません。これも距離的な図像性の一例です。"我"「私」と"爸爸"「父」との関連性は、"我"「私」と"书包"「カバン」との関連性よりも強いですね。父は永遠に私の父であり、他人に譲りわたすことはできませんが、カバンは他人に譲り渡すことができ、譲り渡してしまえば私のカバンではなくなります。時間的な図像性というものもあります。"在马背上跳"「馬上で跳びはねる」と"跳在马背上"「馬上に跳びはねる」は典型的な例ですが、前者は先に馬の背中にいる状態があってその後で跳びはねることです。後者は先に跳び、その後で馬の背中にいる状態が生じることを描いており、語順と事態の発生順序が一致しています。図像性については皆さんもよくご存じだと思いますので、これ以上は紹介しませんが、もし興味があれば、戴浩一氏と張敏氏の関連著作（訳注：Tai, James H-Y 1985 や張敏 1998 など）をご覧になってください。

　さて、先ほどの問題に戻って具体的に述べると、三つのレベルで距離が対応しています。それは客観時間的な距離、心理的なアクセス距離、話題の接続距離です。

客観時間的な距離	年齢差が小さい	年齢差が大きい
心理的なアクセス距離	心理的距離が小さい	心理的距離が大きい
話題の接続距離	話題の距離が小さい	話題の距離が大きい

　実際の年齢差は1、2歳か7、8歳かなど、客観的な時間差です。時間的距離という言い方は空間的距離の比喩です。というのも、AとBの間の空間的距離が大きければ、AからBへ到達する時間も長くなりますし、逆に、AからBへ到達する時間が長いということは、AとBの間の空間的距離も大きいと推測できます。

　心理的なアクセス距離とは人が記憶の中や周辺の世界から、指しているもの、あるいは述べている対象を取り出すときの難易度を指しています。この難易度とは、それにアクセスする際にかかる時間によって判断されます。作者の頭の中に唐代の各詩人が存在し、作者がある詩人を叙述しようとすれば、それは同時に記憶の中からその叙述対象を取り出そうとしていることになります。作者の頭の中で、出生年が連続する詩人二人の間の時間距離はそれぞれ異なっていて、大きいものも小さいものもあり、A———B—C———Dのようになっています。ここではAとBが記憶された場所間の距離は遠く、BとCとの距離は近いと判断できます。よって、作者がAについて述べてからBを述べる際に、Bを取り出すのは比較的難しく、それに要する時間も長く、Bを述べてからCを述べる際に、Cを取り出すのは比較的容易で、それに要する時間も短くなっています。

　いま申し上げた記憶を取り出す際の難易度は単なる仮説に過ぎず、心理学的な証拠などないのではと思われるかもしれませんが、実はそれがちゃんとあります。ある実験で証明されたのですが、情報が頭の中で記憶される方法には二種類あります。文を構成する語句のように、順序を形成する情報は線として記憶されます。他方、地図上の情報のように、順序を形成しない情報はイメージとして記憶されます。いずれの記憶方法でも、AB間の距離が大きければ大きいほど心理的にAからBに到達するまでの時間も長くなることが、実験により証明されています。数字の順序に関する実験は、被験者に3〜7個の数字を記憶させてから、被験者にその中のある数

字を与え、その数字の一つ後の数字を素早く答えさせるという実験です。たとえば、先に記憶させた数字を38926とし、与えた数字が9ならば、被験者が答えるべき数字は2ということになります。実験結果は、数字が長ければ長いほど、また、与えた数字が後ろの方にあればあるほど、被験者が答えるまでにかかる時間が長くなりました。このことは、被験者の反応は、数字を先頭から順に探していき、与えられた数字を見つけ出してから後ろの数字を言うということを表しています。重要なのは、頭の数字から、与えられた数字までの距離が長ければ長いほど、答えの数字に達するまでの時間も長くなるところです。この実験結果のデータとグラフは以下のようになります。

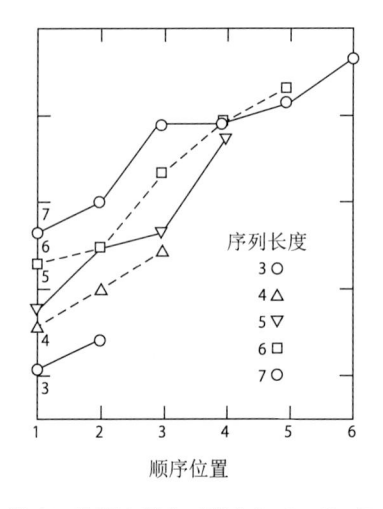

反応に要する時間が、数字の位置と長さで変化している（Sternberg1969）

イメージによる記憶方法の実験では、まず被験者に虚構の島の地図を見せます。島には茅屋、木、岩、井戸、湖、砂地、草むらという7つの物が描かれていて、これらのものの配置を白地図上で位置を正確に示せるようになるまでじっくりと覚えさせます。それから実験者が大声で物の名前を1つ言い、被験者に心に描いた地図の上にあるその物に意識を向けさせま

す。5秒後にまた別の物の名前を言い、今度はその物に意識を向かわせ、意識の転化が完了すればボタンを押させます。この7つのものの地図上での距離はそれぞれ異なっており、その距離は長いものもあれば短いものもあります。実験結果では、2つのものの地図上での距離が長いほど、被験者が心の地図の上での意識の転化に必要な時間も長くなることが分かりました。この実験で用いた地図と結果のデータは以下のとおりです。

Kosslynら（1978）が実験で用いた虚構の島の図

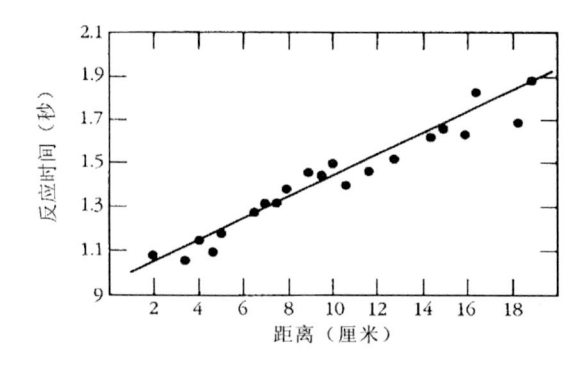

2点間の距離が長いほど意識転化に時間がかかる

最後に、話題接続の距離についてです。話題接続の距離とは、文の流れにおいて、ある一つの話題からもう一つの話題に接続する時に、直接的であるか間接的であるかということを指していて、当然ながら直接的な方が

距離が短く、間接的な方が距離が長いということになります。もう一度、aとbの二つの形式について比較してみましょう。

 a. 李白小王维一岁。
 b. 高适出生之后十年，杜甫出生。

　言語の形式から見ると、aでは李白が文頭にあり、なおかつ李白と王維との間は短いです。bでは文頭にあるのは杜甫ではなく高適であり、なおかつ杜甫と高適との間には距離があります。王維のことを述べ終わった後で李白について述べようとして、"李白小王维一岁"という文が現れていますが、李白は文頭に置かれて、李白の登場は直接的で、李白と王維との間の距離は短くなっています。高適のことを述べ終わった後で、杜甫について述べるときには"在高适出生之后十年，杜甫出生"という文が現れていますが、この文では、高適を介して間接的に杜甫を導入しています。高適は文頭に置かれ、杜甫と高適との間には距離があります。二者を結ぶ距離が短いものはaを使い、長いものはbを使っています。この二つの言語形式に対応しているのが、上で述べた時間距離の長さの違いと心理的距離の長さの違いであることは明らかでしょう。
　次のようにまとめましょう。第一レベルの時間距離は物理的世界に属しており、第二レベルの心理距離は心理的世界に属しており、第三レベルの話題間距離は言語の世界に属しています。この三つのレベルをそれぞれ「天地、人心、言語」と呼びましょう。

 天地：物理世界（客観的な時間の距離）
  人心：心理世界（心理的なアクセス距離）
  言語：言語世界（話題を接続する距離）

　この「三つの世界」は、それぞれのレベルにおける距離について対応関係、すなわち、図像性の関係が存在しています。もし言語の面からのみ問題を見てみると、第一、第二レベルは言語の意味段階に属し、一つは客観

的意味（時間距離）、もう一つは主観的意味（心理距離）となり、三つめは言語の形式段階（話題距離）となります。こう見てみると、この対応関係というのは、言語意味と言語形式の二者間のイコンであるとも言えます。このように言うことの良い点は、三つのレベルが二つのレベルに簡便化した点です。良くない点は、中間に存在している心理的レベルが無視されやすくなるところです。

　確かに、心理距離という中間段階を無視して、これは必要なのかと問う人もいますが、客観的な時間距離と話題距離の間に図像性の関係を直接立てることはできるでしょうか。私はできないと思います。たとえば、客観的距離から言えば10歳の年の差の方が3歳の年の差よりも距離がありますが、主観的な認識においては必ずしもそういうわけではないからです。

　　　他们两个差3岁才相配。　　「3歳差があれば、やっとつり合う」
　　　他们两个差10岁就相配了。　「10歳差があれば、ちょうどつり合う」

"才"を使うことによって話者は3歳の年の差を大きなものと捉え、"就"を使うことによって10歳の年の差を小さいものと捉えています。上で『詩人は多難』中の用法のペアを見ましたが、

　　　王维小李白一岁。
　　? 孟郊小岑参三十六岁。

　　　岑参出生三十六年之后，孟郊出生。
　　? 在王维出生一年之后，李白问世。

「?」がついた不自然な二つの文に主観的な量の大きさを表す"才"と"就"を付け加えると、自然な感じに読めます。

　　　孟郊就小岑参三十六岁。（主観的に見て孟郊との年の差は小さい）
　　　　「孟郊は岑参よりもたったの36歳年下だ」

在王维出生一年之后，李白才问世。(主観的に見て李白との年の差が大きい)「王維が生まれて1年後、李白はやっと世に現れた」

実際に全く同じ距離であっても感覚的な距離が変わることもあり、これは実験心理学ですでに証明されています。

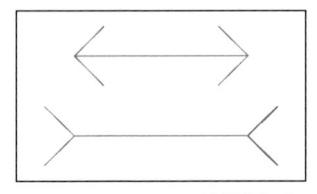

Muller-Lyer の錯覚図形

これは有名な錯覚図形ですが、2本の平行線は実際には同じ長さなのです。同じように、杜甫と高適の年齢差は10歳ですが、以下の二つの表現方法にすると自然に感じられるといえます。

在高适出生之后十年，杜甫才出生。(李白只比王维小一岁呀。)
「高適が生まれて10年後、ようやく杜甫が生まれた（李白は王維より1歳年下なだけなのに）」
杜甫就小高适十年。(孟郊要比岑参小三十六岁呢。)
「杜甫は高適より10歳だけ年下である（孟郊は岑参より36歳も年下なのに）」

これにより、心理的な距離は客観的時間の距離と一致していることがほとんどですが、全ての場合で一致しているというわけではなく、一致していない時には心理的な距離を基準としなくてはいけないということが分かります。よって、心理的な距離というレベルは欠かせないということになります。しかし、上の"才"と"就"を加えた文を証拠として、距離の図像性原則が成り立たないことを証明しようとするならば、それは狭義の客観的意味論の立場で問題を捉えているにすぎません。物の大きさは客観的な基準でのみ判断でき、全体は部分よりも大きく、部分が全体よりも大きいことはあり

得ないと言い張る人がいれば、次の詩と絵を見てもらいましょう。詩は陶淵明（《飲酒 五》）のもので、皆さんもよくご存知でしょう。最後の一句"心远地自偏""心遠ければ、地自ずから偏なり」に注目してください。

  結庐在人境， 盧を結んで人境に在り
  而无车马喧。 而も車馬の喧しき無し
  问君何能尔， 君に問ふ　何ぞ能く爾るやと
  心远地自偏。 心遠ければ　地自ずから偏なり

銭鐘書の小説『囲城』の中にも、こんな一節があります。

  鸿渐一眼瞧见李先生的大铁箱，衬了狭小的船首，仿佛大鼻子阔嘴生在小脸上，使人起局部大于全体的惊奇，似乎推翻了几何学上的原则。
  「鴻漸は李さんの大きなトランクを一目見るなり、狭い船首と見比べ、大きな鼻や口が小さな顔についているといったような、一部が全体より大きいという奇異さを感じた。このことは鴻漸にあたかも幾何学の原則を覆されたような気持ちにさせた。」

もしも人間の感覚が全て幾何学的な原則にのみ従っているとすれば、世界はとても単調なものになってしまうでしょう。これはインターネットから拾ってきた写真ですが、子供の足や犬の頭はどちらも体よりも大きく見えますね。

足が大きな子供の写真 犬を上から見た写真

知覚とは全てが外部世界のコピーなのではなく、人の期待、信念や動機といった内部情報が知覚に対して何らかの影響を与える可能性もあるため、知覚は創造性の大きいプロセスであるといえます。そして知覚する者は絶えず外部情報の仮説を組み立てているのです。この点については神経生理学からの支持が得られます。カエルから人まで全ての動物の視覚系は外部情報に対して選択的に情報を取り入れているそうです。たとえば、カエルは静態の境界、動態の境界、明るさの変化、小さな円形物体の移動という四種の外部情報しか取り入れていません。カエルの神経系には視覚細胞が四つしか存在せず、それぞれが四つの外部情報の刺激を処理していることも実験でわかりました。これは生存のために進化した結果です。カエルはモナリザの絵を見てもまるで反応しませんが、小さい円形物体が移動すれば目を光らせ舌を伸ばします。心理学者の中にも外部情報に重点を置く人もいれば、内部情報に重点を置く人もいますが、知覚とは外部と内部の情報が結合したものであるという点については概ね意見が一致しています。
　私がこの例を使って説明したかったのは次のようなことです。もしも事実を描写すると言って各段落の第1文を羅列しただけでは、誰も満足しないだろうし、これらの事実を並べて何になるのだと訝しく思われるだけでしょう。事実を描写するにも描写のしかたに気を配らなくてはいけません。そして、その描写のしかたに気を配っているということこそが解釈をしているということなのです。私が上で行なった描写は、ほぼ適切な描写であると言ってもよいでしょう。そして、事実を適切に描写するということは、解釈がその中にあるということでもあります。この講演では描写と解釈を二つに分けましたが、皆さんもお分かりのように、言語事実を描写している時点で既に解釈も始まっており、そもそも理論的な解釈は描写した言語事実の中に含まれているのです。
　ついでに言えば、私が李白と杜甫の登場について述べた論文を発表したのちに、違う意見を聞きました。たった一人のたった一つの文章だけで規則性を証明することは難しいのではないかという意見です。どの形式を用いるかというのは作者の自由であり、取り扱った文章がたまたま規則性を持ったものにすぎないのではないかというのです。もっと広い範囲でこの

規則性がどれだけ通用するものかを検証していただきたいと思いますが、この規則性が偶然の結果である、ということには賛成できません。別の例を挙げて言うと、池の中に亀がいて、1〜3歳の小亀が26％、10歳以上の大亀が52％、合わせて78％を占めているとします。4〜9歳の中亀はわずか22％です。観察の結果、全ての小亀は例外なく小粒のエサしか食べず、全ての大亀は例外なく大粒のエサしか食べず、中亀だけが小粒のエサも大粒のエサも食べていることがわかりました。この池での現象だけでも、どうしてこういう現象が起きるのかを考えてみる価値はあるのではないでしょうか。それとも、単なる偶然に過ぎないとしますか？亀の大きさとエサの大きさの間に一種の対応関係があることを証明するために、もっとたくさんの池を検証してみることも結構ですが、その仮定的な規則を覆すには、ある池で全ての亀が大粒のエサも小粒のエサも食べたり、小亀が小粒のエサを食べて、大亀が小粒のエサも大粒のエサも食べていることを発見したと言うだけでは不十分です。規則を覆すには、同等の条件のもとで、すべての小亀が大粒のエサしか食べず、全ての大亀が小粒のエサしか食べないというような池を見つけなければなりません。我々が見つけ出した規則性というのは、小亀が大粒のエサを食べれば、大亀も大粒のエサを食べるはずだが、その逆はあり得ないといった一種の弱い予測です。この弱い予測は、以下の論理的にありうる四種類の可能性から一つを排除したものです。その一つとは四つ目の文です。

　　1）小亀が小粒を、大亀が大粒を食べる
　　2）小亀と大亀が小粒も大粒も食べる
　　3）小亀が小粒を、大亀が大粒と小粒を食べる
　　4）小亀が小粒と大粒を、大亀が小粒を食べる

　言語とは開放的、動態的で複雑な系統なので、我々ができる予測というのはこういった弱い予測であると述べたことがあります。弱い予測とはいえ、反証ができるので、科学性を持っているといえます。私が上で述べた距離の図像性を覆すためには、同等の条件のもとで、年齢差が大きいもの全てが形式aを、年齢差の小さいもの全てが形式bを使っている文章を見つけ出してこなければいけません。異なる意見のある人は証明してみてください。

第二例　古代漢語の"之"構造と"之"の機能

"之"構造とは"鸟之将死"「鳥のまさに死なんとす」のような「名詞＋之＋動詞句」構造のことを指します。"之"を落とした"鸟将死"は主述構造です。秦代以前の古代漢語では"之"構造と主述構造のどちらも使用されていました。たとえば、

 a. <u>民之望之</u>，若大旱之望雨也。（《孟子・滕文公下》）
  「民の之を望むこと、大旱の雨を望むがごとし」
 b. <u>民望之</u>，若大旱之望云霓也。（《孟子・梁惠王下》）
  「民之を望むこと、大旱の雲霓を望むがごとし」

 a. 是故愿<u>大王之孰计之</u>。（《史记・张仪列传》）
  「是の故に願はくは大王の之を熟計せられんことを」
 b. 故愿<u>大王孰计之</u>。（《史记・苏秦列传》）
  「故に願はくは大王之を熟計せんことを」

また、"之"構造と主述構造を前後で並列させる例もあります。

 <u>戎之生心</u>，民慢其政，国之患也。（《左传・庄公二十八年》）
  「戎の心を生じ、民其の政を慢るは、国の患ひなり」
 <u>人之爱人</u>，求利之也；今<u>我子爱人</u>，则以政。（《左传・襄公三十一年》）
  「人の人を愛するは、之を利せんことを求むるなり。今、吾子人を愛するは、則ち政を以てす」
 子曰："不患<u>人之不己知</u>，患<u>不知人</u>也。"（《论语・学而》）
  「子曰く、人のおのれを知らざるを患へず、人を知らざるを患ふ」

このような言語事実は昔から注目されており、"之"の機能とは何かという問題が絶えず論じられています。ある説では、"之"は主述構造をフレーズ化、名詞化、指称化するものだと考えます。しかし、この説明の問題点は、"之"を加える前の主述構造であっても同じように文の主語や目的語

になれるのに、どうしてフレーズ化、名詞化、指称化する必要があるのかという問題です。両者を並列させている文でも、一方がフレーズ化、名詞化、指称化しているのに対して、もう片方がそうなっていないのは何故でしょうか。また、ある説では、"之"は主語と述語を近づける働きを担っているからだとします。しかし、"之"を加えない方も主語と述語がくっついているし、さらに言えば、"之"を入れない方がもっと密着しているではないでしょうか。さらにまた別の説では、この"之"はすでに修飾のマーカーとなっているが、"王之諸臣"、"侮夺人之君"、"贤圣之君"のようなよくある例の"之"は指示詞のままであると言います。しかし、"之"構造は戦国時代の金文や『尚書』や『詩経』に出現し、春秋戦国時代にはすでに存在しているとの指摘に従えば、"之"構造として"之"が汎用されている時代に、名詞が後ろに来る"之"が修飾語のマーカーとしてまだ成熟していなかったとするのは通らない説といえるでしょう。さらに別の説では、"之"は語気を示し、語気を強めたり弱めたりする働きがあるといいます。しかし、強めると弱めるでは正反対ですし、そもそも"之"は一体どのような語気を表しているというのでしょうか。また別の説では、"之"は優雅な風格を表すと言っています。この説明は"之"が衰退した後の時代に使われている時には通用するかもしれませんが、秦代以前の例には適さないし、特に"之"構造と主述構造が並列したり、互い違いに使われている例の説明ができません。他の説では、"之"には前後の語を含む音節のチャンク（塊 chunk）を奇数あるいは偶数に揃えるように調整する働きがあるといいます。しかし、"之"を加えることによって、かえって音節の調和が崩れていることが多くの例で見てとれます。

　　　德之不修，学之不讲，闻义不能徙，不善不能改，是吾忧也。（《论语・述而》）
　　　「徳の修まらざる、学の講ぜざる、義を聞きて徙る能はざる、不善の改むる能はざる、是は吾が憂ひなり」
　　　丹朱之不肖，舜之子亦不肖。　（《孟子・万章上》）
　　　「丹朱の不肖たるや、舜の子も亦た不肖なり」
　　　众之为福也，大；其为祸也，亦大。　（《吕氏春秋・决胜》）
　　　「衆の福たるや大、その禍たるや亦た大なり」

55

"之"を加えなければ、"德不修"と"学不讲"は三音節となり、後ろの五音節の主述構造と奇数どうしの音節で揃うけれど、"之"を加えると却って揃わなくなります。もう一説には、"之"は比較的高い識別性を示しており、既知情報は識別性が高いので"之"構造を使う傾向にあり、未知情報は識別性が低いので主述構造を使う傾向にあると言います。この主張では、識別性という概念を提示したのは良いのですが、情報の「新旧」で識別性の高低を判定することには問題があります。たとえば、下の例で

<u>禄之去公室</u>五世矣，<u>政逮于大夫</u>四世矣，故夫三桓之子孙微矣。

（《论语・季氏》）
「禄の公室を去ること五世なり。政大夫に逮（およ）ぶこと四世なり。故に夫の三桓の子孫は微なり」

"禄之去公室"と"政逮于大夫"はともに話題であり、ともに既知情報です。どうして一方には"之"があり、もう一方にはないのでしょう。上で述べた二つの構造が並列した文も解釈できません。

　思うに、この問題にちゃんと答えることができていないのは、言語事実を適切に描写できていないからでしょう。言語事実を適切に描写するには文章を細かく分析する必要があります。そこで、細かく考察した結果、"之"を前で使って後ろでは使わない三つの場合があることを発見しました。

(1) 両者が並列する文では主に前が"之"構造、後ろは主述構造となっている
(2) 時代が異なる二つの文献の中において、同一の事柄を指している語句の形式は、主に前が"之"構造、後ろが主述構造である
(3) 同一文献の中で同一の事柄を指している語句の形式は一般的には、前が"之"構造、後ろが主述構造になっている

以下にそれぞれ説明していきます。まず(1)について、下の例を見てください。

戎之生心，民慢其政，国之患也。　（《左传・庄公二十八年》）

「戎の心を生じ、民其の政を慢るは、国の患ひなり」

人之爱人，求利之也；今吾子爱人，则以政。　（《左传・襄公三十一年》）

「人の人を愛するは、之を利せんことを求むるなり。今、吾子人を愛するは、則ち政を以てす」

尔之许我，我其以璧与珪，归俟尔命；尔不许我，我乃屏璧与珪。

（《尚书・金滕》）

「爾の我を許さば、我其ち璧と珪とを以て、帰りて爾の命を俟たん。爾我を許さざれば、我乃ち璧と珪とを棄てん」

伯有闻郑人之盟己也，怒；闻子皮之甲不与攻己也，喜。

（《左传・襄公三十年》）

「伯有、鄭人の己に盟ふと聞きて、怒る。子皮の甲、己を攻むるに與らずと聞きて、喜ぶ」

君之视臣如手足，则臣视君如腹心。君之视臣如犬马，则臣视君如国人。君之视臣如土芥，则臣视君如寇雠。　（《孟子・离娄下》）

「君の臣を視ること手足の如くなれば、則ち臣君を視ること腹心の如し。君の臣を視ること犬馬の如くなれば、則ち臣君を視ること国人の如し。君の臣を視ること土芥の如くなれば、則ち臣君を視ること寇讐の如し」

子曰："政之不行也，教之不成也，爵禄不足劝也，刑罚不足耻也，故上不可以亵刑而轻爵。"　（《礼记・缁衣》）

「子曰く、政の行はれざる、教への成らざるは、爵禄勧むるに足らず、刑罰恥ぢしむるに足らざればなり。故に上は以て刑を褻して爵を軽んず可からず」

战势不过奇正，奇正之变，不可胜穷也。奇正相生，如环之无端，孰能穷之？　（《孙子兵法・势篇》）

「戰勢は奇正に過ぎざるも、奇正の變は、勝げて窮む可からず。奇正相生ずること、循環の端無きが如し。だれか能く之を窮めん」

仁人之得饴也，以养疾待老也；跖与企足得饴，以开闭取楗也。

（《吕氏春秋・异用》）

57

「仁人の飴を得るや、以て疾を養い老を侍ふなり。跖と企足と飴を得るや、以て閉ぢたるを開き楗を取るなり」

若事之捷，孙叔为无谋矣。不捷，参之肉将在晋军，可得食乎？

(《左传・宣公十二年》)

「若し事の捷たば、孫叔謀無しと為さん。捷たずんば、參の肉は、將に晉軍に在らんとす。食うことを得可けんやと」

德之不修，学之不讲，闻义不能徙，不善不能改，是吾忧也。

(《论语・述而》)

「徳の修まらざる、学の講ぜざる、義を聞きて徙る能はざる、不善の改むる能はざる、是は吾が憂ひなり」

丹朱之不肖，舜之子亦不肖。　(《孟子・万章上》)

「丹朱の不肖たるや、舜の子も亦た不肖なり」

众之为福也，大；其为祸也，亦大。　(《吕氏春秋・决胜》)

「衆の福たるや大、その禍たるや亦た大なり」

続いて(2)について『左伝』と『史記』からの例文を比較してみましょう。

a. 秦穆之不为盟主也，宜哉！　(《左传・文公六年》)
　　「秦穆の盟主と爲らざるや宜なるかな」
b. 秦缪公……然不为诸侯盟主，亦宜哉！　(《史记・秦本纪》)
　　「秦繆公…然れども諸侯の盟主と為らざりしは、亦た宜なるかな」

a. 夫差！而忘越王之杀而父乎？　(《左传・定公十四年》)
　　「夫差、なんぢ越王のなんぢの父を殺ししを忘れたるかと」
b. 阖庐使立太子夫差，谓曰："尔而忘勾践杀汝父乎？"

(《史记・吴太伯世家》)

「闔廬、太子夫差を立てしめ、謂ひて曰く、爾、なんぢは勾践が汝の父を殺せるを忘れんかと」

a. 君子是以知秦之不复东征也。　(《左传・文公六年》)

「君子是を以て秦の復た東征せざることを知る」
b. 是以知<u>秦不能复东征</u>也。 (《史记・秦本纪》)
「是を以って秦復た東征すること能はざるを知るなり」

a. <u>惠公之在梁</u>也，梁伯妻之。 (《左传・僖公十七年》)
「惠公の梁に在るや、梁伯之に妻あはす」
b. 初，<u>惠公亡在梁</u>，梁伯以其女妻之。 (《史记・晋世家》)
「はじめ惠公亡げて梁に在るや、梁伯、其の女を以って之に妻す」

a. <u>寡君之使婢子侍执巾栉</u>，以固子也。 (《左传・僖公二十二年》)
「寡君の婢子をして侍りて巾櫛を執らしむるは、以て子を固くするなり」
b. <u>秦使婢子侍</u>，以固子之心。 (《史记・晋世家》)
「秦、婢子をして侍せしめ、以て子の心を固うす」

a. <u>丕郑之如秦</u>也，言于秦伯曰：…… (《左传・僖公十年》)
「丕鄭の秦に如くや、秦伯に言ひて曰く…」
b. <u>邳郑使秦</u>，闻里克诛，乃说秦缪公曰：…… (《史记・晋世家》)
「邳鄭秦に使し、裏克の言朱せらるるを聞き、即ち秦繆公に説き曰く…

a. 楚子问<u>鼎之大小、轻重</u>焉。 (《左传・宣公三年》)
「楚子、鼎の大小軽重を問う」
b. 楚王问<u>鼎小大轻重</u>。 (《史记・楚世家》)
「楚王、鼎の小大軽重を問ふ」

a. <u>父母之爱子</u>，则为之计深远。 (《战国策・赵策》)
「父母の子を愛するや、即ち之が為に計ること深遠なり」
b. <u>父母爱子</u>，则为之计深远。 (《史记・赵世家》)
「父母子を愛すれば、即ち之が為に計ること深遠なり」

そして(3)について、下の二例を比べてください。

    a. 国之将兴，明神降之，监其德也。将亡，神又降之，观其恶也。
                                              （《左传・庄公三十二年》）
      「国将に興らんとするや、明神之に降る。其の徳を監るなり。
      将に亡びんとするや、神又之に降る。其の悪を観るなり」
    b. 国将兴，听于民。将亡，听于神。　（同上）
      「国将に興らんとするや、民に聴く。将に亡びんとするや、神に聴くと」

『庄公三十二年』の中ではaの記述が先でbの記述が後です。

    a. 善人之赏，而暴人之罚，则家必治矣。　（《墨子・尚同下》）
      「善人の賞せられて暴人の罰せられるれば、即ち家は必ず治まらん」
    b. 善人赏而暴人罚，则国必治矣。　（同上）
      「善人賞せられて暴人罰せられるれば、即ち国は必ず治まらん」
    c. 善人赏而暴人罚，天下必治矣。　（同上）
      「善人賞せられて暴人罰せられるれば、即ち天下は必ず治まらん」

『墨子・尚同下』では"同一天下之义"という話題に続き、aで家を治めること、bで国を治めること、cで天を治めることを述べています。

    a. （刘邦）曰："吾入关，秋毫不敢有所近，藉吏民，封府库，而待将军。所以遣将守关者，备他盗之出入与非常也。"（《史记・项羽本纪》）
      「（劉邦）曰く、吾、関に入り、秋豪も敢えて近づくる所有らず。吏民を籍し、府庫を封じて、将軍を待てり。将を遣はして関を守らしめし所以は、他の盗の出入と非常とに備へしなり」
    b. （樊哙）曰："……今沛公先破秦入咸阳，毫毛不敢有所近，封闭宫室，还军霸上，以待大王来。故遣将守关者，备他盗出入与非常也。"（同上）
      「（樊噲）曰く、…今、沛公先づ秦を破りて咸陽に入る。豪毛も敢

えて近づくる所有らず。宮室を封閉し、還りて覇上に軍し、以て大王の来るのを待てり。故に将を遣りて関を守れるは、他の盗出入と非常とに備へしなり」

『項羽本紀』では、まずaで劉邦が項伯に会ってから、項羽に説得しに行かせるところを記述し、bで鴻門の宴で項荘が剣の舞を舞い沛公を殺そうとしたところに樊噲が入ってきて、項羽に向かって同じ話をしたところを記述しています。

　　a. 是故愿大王之孰計之。（《史记・张仪列传》）
　　　「是の故に願はくは大王の之を熟計せられんことを」
　　b. 故愿大王孰計之。（同上）
　　　「故に願はくは大王之を熟計せんことを」

　上の例は『張儀列伝』の中で張儀が楚懐王に一段落ずつ道理を説いている場面ですが、"愿大王之孰計之"で終わる段落が前に現れ、"愿大王孰計之"で終わる段落が後に現れています。もう一度、この章のはじめに挙げた例"大王孰計之／大王之孰計之"を見てください。この例は、"之"構造と主述構造が交替で使われていることを説明するためのものですが、"之"の機能については説明できません。なぜなら、一方は『史記』の『張儀列伝』からの引用で、もう一方は同じ『史記』の『蘇秦列伝』からの引用だからです。どちらの記述が先で、どちらの記述が後なのかについてはわからないのです。研究方法としてはミニマルペアを用いるのが一般的な方法ですが、上のaとbはミニマルペアになっていて、二つとも『張儀列伝』からの引用です。ただ、記述の時代が違うだけです。
　事実をここまで描写すれば、解釈もすでに含まれています。"之"の機能とは指示する言葉の「指別性」を高めることと、指示された対象の「識別性」を高めることです。
　指示対象の「識別性」とは、聞き手が指示された言葉を聞いた際に、記憶の中あるいは周辺環境から目標となる事物や事件を検出するときの難易

度です。簡単に検出できるものの識別性は高く、簡単に検出できないものの識別性は低いと言えます。

　一般に識別性の高低は、目標物の客観的状態により決まります。体積の大きいものは小さいものよりも識別性が高く、新しい記憶の方が古い記憶よりも識別性が高く、検出しようとしているものが先に検出したものと似ている方が似ていない方よりも識別性が高く、検出済みのものを再度検出する時の方が識別性は高いと言えます。

　指示表現の「指別性」とは、話し手が提供する指示表現によって、聞き手が記憶の中あるいは周辺環境から目標となる事物や事件を検出するときの指示の強さのことです。指示の強さが高いと指別性が高く、指示の強さが低いと指別性が低いと言えます。

　指別性の高低も、指称表現の状態によって決定されます。指示詞の付いたものは指示詞が付いていないものよりも指別性が高く、人称代名詞の方が普通名詞よりも指別性が高く、修飾語が多い方が少ないよりも指別性が高く、重読されるものの方が重読されないものよりも指別性が高いと言えます。

　指別性と識別性の関係は、次のように言えます。聞き手にとって指示対象の識別性が低い時は、話し手が使う指示表現の指別性を高くする必要があり、聞き手にとって指示対象の識別性が高い時には、話し手が使う指示表現は指別性を低くしてもよい、ということです。指示表現の指別性を高めれば、指示対象の識別性も高まります。たとえば、

　　a. 把杯子拿走！　「コップを持って行け！」
　　b. 把这只杯子拿走！　「このコップを持って行け！」
　　a'.（光口头说）把这只杯子拿走！
　　　（言葉だけで）「このコップを持っ　て行け！」
　　b'.（还用手指）把这只杯子拿走！
　　　（指でも指しながら）「このコップ　を持って行け！」

　持って行ってほしいコップが聞き手にとって識別性が高いと話し手が判断した場合、話し手はaと言うだけで十分で、bのように言う必要はあり

ません。反対に、そのコップが聞き手にとって識別性が低いと話し手が判断すれば、bのように指示詞を添えて言う必要があり、aは好ましくありません。指示表現として、bのように指示詞が付いた"这只杯子"の指別性は、aの"杯子"よりも高いからです。同じように後ろの二文でも、持って行ってほしいと思っているコップが聞き手にとってすでに識別性が高いと話し手が判断した場合、a'のように言葉だけで言うので十分であり、b'のように指さしながら話す必要はありません。反対に、持って行ってほしいコップが聞き手にとって識別性が低いと話し手が判断すれば、b'のように指さしながら言う必要があります。b'の"这只杯子"に指さしのような非言語行動を加えることで、ただ"这只杯子"と言葉で言うだけよりも指別性が高くなるのです。

識別性と指別性を分けているのは、話し手と聞き手を分けたかったからです。ソシュールが言う「能記：指すことば」と「所記：指される対象」を分けるためです。識別性は聞き手の側から、指別性は話し手の側から言ったものです。また、識別性は指示された目標物の側から、指別性は指称する言葉の側から言ったものです。

指示詞の"这"と指さしジェスチャーが指別性を高める作用があるように、"之"にも指別性を高める作用があります。指別性を高めるということは同時に識別性を高めることでもあり、"鸟之双翼""鳥の双翼」は指示されるモノの識別性を高め、"鸟之将死""鳥のまさに死なんとす」は指示されるコトの識別性を高めています。話し手が、主述構造が指し示すモノやコトの識別性が低いと判断すれば、"之"を付加することによって、その指別性を高めているのです。たとえば、

  孔子曰:"禄之去公室五世矣，政逮於大夫四世矣，故夫三桓之子孙微矣。"
   「孔子曰く、禄の公室を去ること五世なり。政大夫に逮ぶこと四世なり。故に夫の三桓の子孫は微なり」

のような例で、検出しようとする目標物が検出済みの目標物と似ていれば識別性は高いと述べましたが、この文もまず"禄去公室"という事態を指

示してから、既知情報ではあるけれど、この事態の識別性は低いだろうと判断した話し手は"之"を付加して指別性を高めています。引き続いて"政逮於大夫"という事態を指示するのですが、この事態は前で述べたものと関連があり並列の関係になっているので、前の事態が言及されたあとでは、この事態の識別性は高いままだと話し手が判断し、"之"を付加させていないのです。

　この解釈には心理学的な証拠もあります。心理学でよく用いられるStroop color word testは、緑色で"紅"「赤」と書いた字と、赤色で"緑"「緑」と書いた字を被験者に提示するといったテストなのですが、被験者が字を読み上げる時には何も影響を受けず読めるのですが、その字の色を答える時には影響を受けてしまい、"緑"の字のほうを赤色と答えて、"紅"の字の方を緑色と答えてしまいます。このことから、概念としての「赤」が刺激された時に、色として同類の概念である「緑」も容易に刺激されてしまうために、このような干渉が生じてしまうことがわかります。

紅　緑

ストループ・カラーワードテスト

　並列構造の文で、前で"之"を用い、後ろでは"之"を用いていないのも、このテストと関連しています。つまり、"禄去公室"という事態が活性化されたあとでは、同類の事件である"政逮於大夫"も容易に活性化されます。この解釈に反例はあるでしょうか。並列構造では反例は多くないようで、主に二種類が考えられるくらいです。一つは"猶"「なお…のごとし」や"若"「…のごとし」を使った比喩の文、もう一つは肯定文と否定文の対句です。

　　民归之，由水之就下沛然。　（《孟子・梁惠王上》）
　　「民之に帰すること、由ほ水の下きに就きて沛然たるがごとし」
　　皆患其身不貴于国也，而不患其主之不貴于天下也；皆患其家之不富也，而不患其国之不大也。　（《呂氏春秋・務本》）

「皆其の身の国に貴からざるを患へて、その主の天下に貴からざるを患へざるなり。皆其の家の富まざるを患へて、其の国の大ならざるを患へざるなり」

この二文は実際には本当の意味での並列の文ではありません。並列文の場合、前後で意味上の重要度に差はないものですが、上の二文には差があり、後ろの方に重点が置かれています。意味上の重点を置きたい箇所で話し手が指別性を高めようとするのはごく自然なことです。

時代が異なる二つの文献の中において、同一の事柄を指している語句の形式や、同一文献の中で同一の事柄を指している語句では、前の方で"之"を用いて、後ろの方で"之"を用いていないことの理由は、検出済みの目標物を再度検出する時の識別性は高く、指示表現の指別性をそれ以上引き上げる必要性がないからです。文献によっては、記述された時代の前後が分かりません。たとえば、

a. 昔尧之治天下也，使天下欣欣焉人乐其性。（《庄子・在宥》）
「昔、堯の天下を治むるや、天下をして欣欣焉として人に其の性を楽しましむ」
b. 昔尧治天下，吾子立为诸侯。（《庄子・天地》）
「昔、堯天下を治むるや、吾子立ちて諸侯と為る」

という二文は、記述された時代の順番がわかりませんが、細かく分析してみると、『在宥』にある"昔尧之治天下也"は初めて"尧"と"尧治天下"のことについて触れていることに気づきました。新しく話題となったものは、後ろの文では叙述対象となるため"尧治天下"の指別性を高める必要があるため、"之"が付加されています。『天地』では"昔尧治天下"の文が出現する前に、"尧"について十回触れられていて、その中に"尧治天下"のことも含まれていたため、"尧"と"尧治天下"の識別性が既に高くなっていることが分かります。よって"之"を付加していない形になっていて、上述の規則に従っていると言えます。

a. 而抉吾眼县（悬）吴东门之上，以观越寇之入灭吴也。

（《史记・伍子胥列传》）

「而うして吾が眼を抉り、呉の東門の上に懸けよ。以て越の寇の入りて呉を滅ぼすを観んと」
b. 必取吾眼置吴东门，以观越兵入也。（《史记・越王勾践世家》）

「必ず吾が眼を取り、呉の東門に置け。以て越の兵入るを観んと」

上の二例も記述された時代の前後が分かりませんが、よく目を凝らすと『伍子胥列伝』では伍子胥が記述の中心人物となっていて、中心人物の言葉は重要であり、中心人物が行った事柄も細かく叙述する必要があるため、"越寇入灭吴"という事態の指別性を高める必要性が出てきます。下例の『越王勾践世家』の方では伍子胥は中心人物ではなく、彼の言葉も特に引き立たせる必要性がないため、司馬遷が執筆するときも伍子胥に関することなら『伍子胥列伝』を読めばわかることだろうと思い、"悬吴东门之上"を簡潔に"置吴东门"と表現し、"越寇之入灭吴"を簡潔に"越兵入"とだけ表現したのでしょう。よって、この例も上述の規則に従っていることになります。

もう一つ反例と思われるものも、私の解釈によって説明ができます。たとえば、

a.（沛公）曰："……愿伯具言臣之不敢倍（背）德也。"

（《史记・项羽本纪》）

「（沛公）曰く…願はくは伯、具に臣の敢えて徳に倍がざることを言へと」
b. 张良曰："请往谓项伯，言沛公不敢背项王也。"（同上）

「張良曰く、請ふ、往きて項伯に謂いて、沛公敢えて項王に背かずく言はんと」

bの張良が沛公に話した台詞が先で、aの沛公が項伯に話した台詞が後の出来事です。記述された順もこの通りなので、上述の規則に違反してい

るように思われるかもしれませんが、そうではありません。なぜなら、話されている言語環境が違うからです。"沛公不敢背項王"（沛公は項王にそむけません）と項伯に言うよう張良が沛公に説得しました。沛公が聞くに「どうしてこのように言わなくてはいけないのか」と質問はせず、"君安与項伯有故？" 「君安づくんぞ項伯と故有る（あなたはどうして項伯とゆかりがあるのですか）」と質問していることからも、"沛公不敢背項王"という言い方が、沛公には予想内のものであり、沛公にとっては識別性が高いことが分かります。それによって"之"が付加されていないのです。しかし、沛公が項伯に対して言った台詞は、項伯にとっては予想外のもので、識別性が低いので"之"が付加されているのです。

以下の例にも一見すると反例が含まれているように思えます。

> 周頗曰："固欲天下之从也，天下从，则秦利也。"路说应之曰："然则公欲秦之利夫？"（《吕氏春秋・应言》）
> 「周頗曰く、固より天下の従するを欲するなり、天下従するは、即ち秦の利なり、と。路説、之に應へて曰はく、然らば即ち、公は秦の利を欲するか、と」

主述構造の"秦利"が前に置かれ、"之"構造の"秦之利"が後ろに置かれていますが、これも反例とはいえません。指称語が指し示す対象はモノやコトの他に、発話そのものでもありえます。発話そのものを指す指称語のことを文脈指示と言い、前方照応（anaphora）と文脈直指（discourse deixis）に分けられます。例を挙げながら、これらの概念を説明しましょう。

a. 她经常胃痛，胃痛就不吃东西。 「彼女はよく胃が痛くなり、胃が痛くなると物を食べなくなる」
b. 女儿：我又胃痛了。 「娘：また胃が痛くなったよ」
　妈妈："胃痛"那你还吃冰激凌！ 「母：胃が痛いって言いながら、アイスなんか食べて！」

例aで後ろの"胃痛"は前方に出た"胃痛"を指しており、前方照応ですが、これは「指示」というよりも「代用」と言った方がよく、重読されません。例bの対話では母親の言う"胃痛"は娘が言った"胃痛"を直接指して引用しており、文脈内での直指です。これを書く時には引用符号が付加され、読むときには重読されます。後ろに指示詞の"那"を添えることもあります。直指は聞き手の注意力を指された発話の意味（命題内容あるいは、言外の意味）に向ける機能を担っています。話し手はこれによって反対意見や風刺など主観的な態度を表わします。重読や引用符号、"那"を付加することも聞き手や読み手の注意をひき、指示した言葉の意味や話し手の主観的態度を意識させる働きを担っています。要するに、直指は意味の中心部分です。上例の周頗の台詞は、まさに秦代以前の古代漢語の指称語が発話そのものを指示するときにも"之"によって指別度を高めることができたことを表しています。"天下从"は前方照応であり、ただ単に前で出てきた"天下之从"をそのまま受けただけで意味の重点にはなっていないので主述構造になっていますが、"秦之利"は直指であり、路説が周頗の台詞にあった"秦利"の部分を引用し、周頗の注意をその意味に向けさせようとすると同時に、路説がその台詞に対して反感を持っていることを示唆しています。"秦利"に意味の重点があればこそ"之"構造を用いて書かれているのです。

　研究方法ということになると、一見反例に見えるものも具体的に分析する必要があります。中には本当に反例となっているものもあれば、実際は反例ではなくても逆から仮説の規則性を証明できる場合もあります。たとえば、一年のうち7〜8月はアイスクリームを食べて、1〜2月には暖をとるというのが規則だとすると、オーストラリアを持ち出して、この規則が成り立たないと主張する人もあらわれるでしょうが、オーストラリアは何の反例にもなりません。むしろ逆からその規則性の信憑性を高めてくれています。この規則の本質は暑い時にアイスクリームを食べ、寒い時に暖をとることにあります。地球上で多くの人が北半球で暮らしており、そこでは7〜8月が暑く、1〜2月が寒いだけのことです。

　二つめの研究例についても、言語事実の描写と解釈を分けて述べてきま

した。しかし実際には、事実を描写することは同時にその解釈が既に含まれており、解釈している時も同時に新しい事実を描写しようとしているのです。

おわりに

　二つの研究をサンプルとして、言語事実の描写と解釈との関連性について述べました。ここでのポイントは以下の数点です。第一に、描写は解釈の基本部分であり、事実の描写を十分に重視しなくてはいけないということです。事実を適切に描写できさえすれば、その中に解釈が見えてきます。第二に、ある程度解釈に目を向けないと疑問も生まれてこないし、重要な事実が見えてこないし、事実を適切に描写することもできないということです。第三に、事実を描写することと解釈をすることは表裏一体であり、決して別々のものではないということです。言語事実を描写することは同時に解釈をしていることでもあり、解釈をしている時も新たな事実を常に描写しているからです。

　最後に、「言語現象」と「言語事実」を分ける必要があります。「こんな現象が生じた」とは言っても「こんな事実が生じた」とは言いません。「事実にもとづいて話す」とは言っても「現象にもとづいて話す」とは言えませんね。およそ「事実」は「現象」の中から抽出され、解釈の材料となり、解釈において処理されるものなのです。

参考書目

　第一例として紹介した研究については沈家煊（2008c）；第二例として紹介した研究については沈家煊、完权（2009）を参照のこと。「弱い予測」については、沈家煊（2004）を参照されたい。

講演記録

　2011 年 1 月 25 日、大東文化大学大学院での講演。

第三講　なぜ中国語では動詞も名詞であると言えるのか
―文法研究の打破と再構築

　最近、私は中国語の品詞に関する新しい見方を提出しました。それは、中国語の名詞と動詞は印欧語のようにそれぞれ独立した品詞なのではなくて、名詞が動詞を含んでいるという考えかたです。つまり、中国語の動詞はすべて本質的には名詞性を持っており、名詞という大きな類の中の「動名詞」という一つの下位類である、と言う見方なのです。印欧語のように名詞と動詞が対立する品詞モデルを「名動分立」と呼び、中国語のように名詞が動詞を含んでいる品詞モデルを「名動包含」と呼びたいと思います。もともと中国語の文法学界では、中国語の形容詞は動詞の下位類であるとしてきました。というのは、形容詞は動詞と同じように直接に述語となることができ、英語とは違って述語にするためにbe動詞をつける必要がないからです。これと同様に、中国語の名詞は動詞を含んでおり、さらに動詞は形容詞を含むという考え方です。なお、ここで言う形容詞とは性質形容詞だけを指しており、状態形容詞は含んでいません。

　この基本的な考え方に関連して、もう一つのアイデアがあります。それは、中国語をまず「名詞」と「描写語」に分けるべきである、というものです。「描写語」というのは「状態描写語」を短く言ったもので、これと対立する「名詞」は動詞や形容詞も含んだ「大名詞」のことです。なぜなら、中国語の名詞・動詞・形容詞を重ね型にすると全て状態描写語になるというのが最も重要な根拠です。

　さらに私はこのようにも考えています。名詞の下位類である動詞（動名詞）は、単音節か二音節かという基準に従って、動詞性の強弱を分けるべきである。そうすると、単音節の動名詞は「動強名詞」（動詞性の強い名詞）、二音節の動名詞は「動弱名詞」（動詞性の弱い名詞）と呼び分けられることになります。

　今日は、なぜ中国語では動詞も名詞であると言えるのか、そして、このような見方が中国語の文法研究にどのような利点をもたらすかについて、

お話ししたいと思います。

二つの苦境からの脱却

　我々は中国語の品詞の問題において、二つの苦境に立たされています。一つめの苦境は「一語一品詞」とすると「一品詞多機能」となってしまい、「一品詞一機能」とすると「一語多品詞」となってしまうことです。二つめの苦境は、「簡単原則」を満たすと「拡張規約」に背くことになり、「拡張規約」を満たすと「簡単原則」に背いてしまうということです。
　まず一つめの苦境について説明しましょう。簡単な例を三つ見てください。

　　　　鬼哭　「亡霊が泣く」
　　　　愛哭　「泣くのが好き、よく泣く」
　　　　哭墻　「嘆きの壁」

　黎錦熙先生（訳注：1890-1978。『新著国語文法』などを著した）の考え方によると、"哭"という語は「一語多品詞」ではあるが、「文内一機能」によって、それが文中において果たす「役割」に基づいて品詞が分けられる、とされます。つまり"哭"は、"鬼哭"「亡霊が泣く」では述語の役割を果たしているので動詞、"愛哭"「泣くのが好き」では目的語なので名詞、"哭墻"「嘆きの壁」では修飾語なので形容詞である…ということになります。朱徳熙先生の考え方によると「一語一品詞」であり、"哭"は動詞であるが、これが文中で果たす「機能」は固定的ではないとなります。つまり、"鬼哭"では動詞の"哭"が述語として、"愛哭"では目的語として、"哭墻"では修飾語として働いているとされます。
　この二つの意見は、あたかも瓶に半分入っているお酒について、片方が「半分なくなった」と言い、もう片方が「まだ半分ある」と言っているようなもので、問題の見方の違いにすぎません。
　次に二つめの苦境「簡単原則」についてです。品詞転換に関して呂叔湘先生に有名な言葉があります。「同じ条件下で同品詞の語がすべて同じように振る舞うならば、それは品詞転換にはあたらない」というものです。

中国語の動詞はほぼその全てが主語や目的語になるのですから、動詞が主語や目的語になったときは名詞化している、などと言う必要はありません。動詞それ自体が主語や目的語になる機能を持っていると言えばそれで解決し、動詞が「名詞化」するとか「名物化」が生じるなどと言うのは余計な話なのです。朱徳熙先生は「簡単原則」を主張され、「何かの理論やシステムを評価するとき、簡単であることは論理的であることと同じように重要である」とも言っています。

「簡単原則」は「オッカムの原則」とも言い、仮説が多い解釈と仮説が少ない解釈があるときには仮説の少ない解釈を信じるべきだというものです。中国語の動詞が主語や目的語になるということに関して、ある解釈では二つの仮説が必要です。仮説の一は、名詞は主語や目的語になり、動詞は述語になる。仮説の二は、動詞が主語や目的語になるときには名詞に変化している、というものです。もう一つ別の解釈では仮説はたった一つで済みます。動詞は述語・主語・目的語になる機能がある、これだけです。後者の方が仮説が少ないのだから、当然こちらを信じるべきでしょう。要するに「オッカムの原則」を徹底するならば、つまり「オッカムの剃刀 (Occam's razor)」を手にするからには、およそ不必要な単位や範疇や操作などすべて剃り落とすべきなのです。

「ほぼ全ての動詞が主語や目的語になれる」という言いかたに疑問を抱く人もいます。抽象動詞、たとえば"是、有、认为、等于"なども主語や目的語になれますかと。なれます。たとえば、

　　我想是，她一定离婚了。　「そうだと思う、彼女は絶対離婚している」
　　有总比没有好，大家还是想有。
　　　「無いよりは有るほうが良い、みんな有って欲しいと思っている」
　　认为怎么样？不认为又怎么样？
　　　「そう考えてるからって、どうなの？そう考えてないからって、それがまたどうなの？」
　　我不要近似，我要等于。　「ニアイコールではなく、イコールを求める」

上例のように一定の文脈さえあれば、動詞が主語や目的語になるのに制限はありません。また、コーパスや統計データを持ち出す人もいて、動詞一語のみで主語や目的語になる例はコーパスではごく少数しかないとか、単音節動詞が「名詞＋的＋動詞」という構造に入るのは書面語だけで、口語ではかなりの制限を受ける…とか言うわけです。朱徳煕先生が動詞が主語や目的語になっても「名詞化」していない、ということを論証したときに挙げられた例を見てみましょう。

　　去是有道理的。「行くのは理にかなっている」
　　不去是有道理的。「行かないのは理にかなっている」
　　暂时不去是有道理的。「しばらく行かないのは理にかなっている」
　　他暂时不去是有道理的。「彼がしばらく行かないのは理にかなっている」
　　他的去是有道理的。「彼が行くのは理にかなっている」
　　他的不去是有道理的。「彼が行かないのは理にかなっている」
　　他的暂时不去是有道理的。
　　　　　　　　　　「彼がしばらく行かないのは理にかなっている」

　この例証で、朱先生は単音節の動詞"去"を使い、二音節動詞は使っていませんね。動詞だけの"去"だけでなく"他的去、他的不去"などのフレーズもあり、「動詞や動詞フレーズはどこに現れようと形式は完全に同じである」と述べています。"去"という語の性質が変化したとか、"不去、暂时不去"といったフレーズの性質が変化したなどと言う必要はないのです。コーパスでこんな例を探しても恐らく見つからないか、とても出現頻度は少ないでしょうけれど、だからと言ってそれで朱先生の考えを覆すことには全然なりません。コーパスで見つからないセンテンスが永久に見つからないという保証はないのですから。チョムスキー（N. Chomsky）の言葉を借りて言えば、文法規則は既に存在するセンテンスのみならず、まだ存在しないセンテンスも産出できるのです。これは生成文法の根本テーゼですね。
　コーパスと言えば、2〜4歳の児童が言った言葉の中に、動詞や動詞フレーズがちゃんと述語"怕"「…がいやだ、…がこわい」の目的語になっ

ている例がありました。

  怕丢了。　「なくなるのがいやだ」
  我怕倒。　「転ぶのがいやだ」
  怕打屁股。　「おしりをたたかれるのがいやだ」
  我怕说我。　「怒られるのがいやだ」
  我怕掉下去。　「落ちるのがいやだ」
  我怕不出来接我。　「迎えに来てくれなかったらいやだ」
  我怕过来偷我的。　「僕のを盗りに来たらいやだ」

　コーパスは非常に重要なものだから参考や根拠にするのは良いけれど、依存してはいけないし、むやみに信じることはなお悪いと私は考えています。

　「中心拡張規則」とは、構造主義言語学者であったブルームフィールド（L. Bloomfield 1887-1949）が提唱した「内心構造理論」であり、現在の生成文法における「Xバー理論」にも相当しますが、ある成分を中心として拡張させたとき、拡張後の構造の文法的性質は中心成分の文法的性質と一致するということです。中心成分が名詞的性質を持つものならば、拡張後の構造も名詞的性質を持ち、中心成分が動詞的性質を持つならば、拡張後の構造も動詞的性質を持ちます。

　我々が直面している苦境は、単純な例"这本书的出版"で説明できます。"这本书的出版"は主語や目的語になりますが、「簡単原則」に従えば、この"出版"は「名詞化」しているとは言えません。しかし、"出版"が動詞であるとするならば「中心拡張規則」に背くことになります。"出版"を中心に拡張した構造は名詞的性質の構造になるはずだからです。

　この二つの苦境のおかげで、呂叔湘先生の晩年の言葉「文法研究には『大いなる打破と再構築』が必要である。しばらく"単語"、"動詞"、"形容詞"、"主語"、"目的語"などの専門用語は捨てて、今まで触れようとしなかった様々な規則を動かしてみなければならない」の真の意味をよく理解することができます。

「名動包含」モデルを用いることで、少なくとも名詞と動詞の問題において、この二つの苦境から脱出できます。"哭"は「一語一品詞」と「一語多品詞」のどちらなのか？名詞と動詞には結局は区別がないのか？ある角度からみれば、中国語の名詞と動詞には区別がないと言えます。というのは、"哭"が動詞でも名詞でもあるように、動詞は名詞でもあるからです。また別の角度から見ると、中国語の名詞と動詞は分けられると言うこともできます。なぜなら"鬼""亡霊"や"墙""壁"が絶対に名詞であり動詞ではないように、名詞すべてが動詞であるというわけではないからです。このモデルでは、名詞は動詞を包含しており、動詞は特別な下位分類の一つ動名詞として、名詞という大きな類に含まれます。これで第一の苦境から脱却できます。"出版"は動詞でもあり名詞でもあるので、"这本书的出版"が「中心拡張規則」に反するといった問題は生じないし、"不出版"は動詞フレーズでありつつ名詞フレーズでもあるので、"这本书的不出版"が「中心拡張規則」に反するといった問題も同様に存在しないからです。これで第二の苦境からも脱却できました。

　理論的な問題が解決して、ようやく応用問題も完全に解決することができます。昔ながらの品詞理論に制限されると、主語や目的語になる動詞や動詞構造が動詞性成分のままであるとすると、コンピュータが語句の構造分析をする時に都合が悪くなります。語句を分析し理解するにあたっては、指称語と陳述語の区分の方こそ重要な区分なのです。こうして、私たちは「語には品詞がない」というような縛りからも自由になって、これらを名詞・名詞構造であるとし、陳述語である可能性を排除することができるようになります。

　文法研究でブレークスルーを得るためとはいえ、「簡単原則」や「中心拡張規則」のような重要な原理を軽々しく捨て去るのは避けた方がよいでしょう。さもないと後で高い代価を払うことになってしまいますから。

半歩だけ前へ進む

　「名動包含」モデルを提唱する時も「簡単原則」や「中心拡張規約」を捨て去る必要はありません。元々の理論の基礎的なところから半歩だけ前

へ進めばよいのです。「名動包含」を論証するために必要なのはABCの三点だけです。これを中国語と印欧語の差異ABCと呼びましょう。

A. 他开飞机。　＊He fly a plane.　　He flies a plane.
B. 他开飞机。　＊He flies plane.　　He flies a plane.
C. 开飞机容易。＊Fly a plane is easy. Flying a plane is easy.

　AとCにおける中国語の特徴は、朱德熙先生が早くに主張し強調されたことなのですが、Aが示すように中国語の動詞"开"が文中で陳述語となるとき、印欧語のように「陳述化」—これを「溶解」と言う人もいます、英語のflyがfliesに変化するのは「溶解」しているというわけです—のようなプロセスは、必要がありません。つまり、中国語の動詞はそのままで陳述語であるということです。また、Cが示すように、中国語の動詞を名詞として扱う—主語や目的語となる—ときも、印欧語のように「名詞化」や「名物化」というプロセスを経ているのではありません。英語では、flyを動名詞形のflyingや不定詞形式のto flyに変えなければなりませんね。私はこの基礎の上にBを加えただけなのです。その要点は、中国語の名詞"飞机"が文中で指称語の役割を果たすとき、印欧語のように「指称化」というプロセスを経る必要がないということです。英語ではplaneをa planeに変えるというような過程が必要です。この意味において、中国語の名詞はそのままで指称語であるということなのです。ABCを合わせれば、おのずと「中国語の動詞は名詞でもあり、動詞は名詞の下位類の一つである」という結論が得られます。

　Bについて我々は知らなかったわけではありません。重視していなかっただけなのです。私は昔"他开飞机／He flies a plane"と"开飞机容易／Flying a plane is easy"という二つの文を挙げて、学生に中国語と英語の差異を答えさせたことがあります。多くの人がAとCの違いを答えることはできたのですが、Bは見逃していました。そもそも、英語で"＊He flies plane"は"＊He fly a plane"と同じように、英文法に違反した非文だということに気づかなかったのです。これは、私たちが中国語の視線か

ら中国語を見ることに慣れ過ぎてしまっているがゆえに、中国語で裸の名詞がそのまま主語や目的語になれるのは印欧語と大きく違う特徴だ、ということを見落としていたためです。私たちが「打破」せねばならないのは、こういった中国語の視線からのみ中国語を見る姿勢なのです。

　ABCの三点について、朱徳熙先生がつとにその内の二点を指摘し強調され、印欧語の概念を脱する道の上で一歩前へ踏み出されました。私は残る一点を指摘し強調して、朱先生が先に敷かれた道に更に半歩だけ前に歩みを進めたに過ぎません。朱先生が強調し主張し続けられた二点は、私たち後継者たちに残された大切な学術遺産であり、決して軽んじてはなりません。

言語類型論の角度から見た「名動包含」

　さらに打破すべきものは、二つの範疇が対立する時には甲と乙が排除しあう関係しかないというような考えかたです。現実には排除関係のほかにも、甲が乙を含む包含関係があります。前世紀の30年代には早くもヤコブソン (R. O. Jakobson 1896-1982) がトルベツコイ (N. S. Trubetzkoi 1890-1938) の音素対立理論にもとづいて、形態論には包含的対立が存在することを指摘しています。わかりやすい例を挙げれば、英語のmanとwomanの対立において、manはwomanを包含しています。このような対立は、中国語の"男人"「男」と"女人"「女」の対立とは異なります。

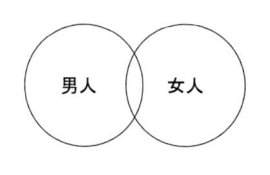

甲乙分立
男性 [＋陽性]、女性 [＋陰性]

甲乙包容
man [－陰性]、woman [＋陰性]

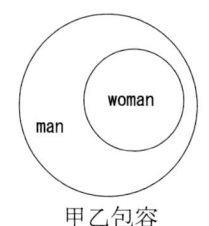

　ここでmanに [－陰性] としてあるのは、manが [陰性] の特性を持っていないという意味ではなく、この特性があるかどうかは明示されない、

という意味です。

　では、中国語の名詞と動詞について述べましょう。英語の noun と verb の対立はちょうど「男性」と「女性」の分立関係ですが、中国語の名詞と動詞の区別は man と woman の包含関係です。生成文法では英語を出発点としているため、言語における名詞と動詞の対立を名詞［＋N］、動詞［＋V］のような分立モデルとみなしています。これは排除関係の対立にしか注目していません。実際の自然言語には、名詞を［－V］（名詞が［V］の特性を持つかどうか明示していない）とし、動詞を［＋V］とする名動包容モデルもあります。フィリピンのタガログ語で全ての実詞は名詞であるとする研究論文を数篇読んだことがあります。著名な生成言語学者のラーソン（R. K. Larson）は、「ラーソン殻理論」を提唱した人ですが、最近の北京大学での講演において、中国語はイランの幾つかの言語と同じように名詞が動詞を包含している「大名詞類」である可能性が高いと述べています。彼のこの結論は生成文法の枠組みで論証されたものなのです。実際、彼の論証はとても簡単で、"我的马"「私の馬」、"白的马"「白い馬」、"死的马"「死んだ馬」という三つの名詞句の"的"が同一の"的"である以上—朱先生はこれを"的3"と分析しておられました（訳注：朱徳熙 1961）—"的"の前の成分"我、白、死"は同じ語類に属するというものでした。

　近年オランダの言語学者が数人で、異なる言語間で品詞を比較する「アムステルダムモデル」を提唱しており、私も教え子との共著でこのモデルの紹介文を書いたことがあります（訳注：完权、沈家煊 2010）。このモデルは主語・述語・連体修飾語・連用修飾語という四つの文法的位置について、標識なしでその位置に入れられるかを基準として、ある言語に名詞・動詞・形容詞・副詞の四大品詞があるかどうかを判断するというものです。テストの結果から、英語のように名詞・動詞・形容詞・副詞を四分割する型の言語は、言語の一般的な姿ではないということがわかりました。さまざまな言語の品詞システムは完全に一致しないどころか、大きな違いがあるようです。このモデルによると、トンガ語（中太平洋のポリネシア語の一種）のような言語は名詞と動詞が一つになっているし、またタスカロラ語（北米インディアン語、イロコイ語系）のように、名詞がなく動詞だけという

ような言語もありました。

　これ以外にも、「型 type－例 token」タイプの言語と「名－動」タイプの言語を区別するモデルがあります。このモデルによると、「型－例」タイプに属するトンガ語は、まず語型（type）と語例（token）の区別があり、語例が名詞と動詞に分かれるようです。結局、言語類型論者や機能言語学者、生成文法学者は言語間の差異を生み出す原因の一つとして品詞の分類法の違いを研究しており、品詞の分類法が言語タイプを決める参考になるのです。

　また、名詞と動詞の関係を「文法化」という角度から見ることもできます。名詞と動詞が二つの独立した分類であり、交わっている部分（名詞兼動詞）が非常に少ない場合、名詞と動詞の文法化程度は高いとみなせます。逆に、名詞と動詞の大半が重なっており、基本的に一つの分類であるとして二つに分けない場合、名詞と動詞の文法化程度は低いとみなせます。名詞と動詞の文法化程度の高低を測る基準とは「ある固定化した形式が、一部の裸の実詞に［＋陳述］特性のマーカーを与えるかどうか」を見るものです。こういった固定化のマーカーが付けば、異なる裸の実詞は分別でき、主語・目的語と述語という二種類の最も重要な構文成分との間に固定的な関係ができ、名詞と動詞の文法化程度は高くなることになります。こういう角度から中国語、トンガ語、英語を比較してみると、名詞と動詞の文法化程度は、中国語が最も低く、印欧語は最も高く、トンガ語はこの二つの間なのではないだろうか、ということに最近気がついたのです。

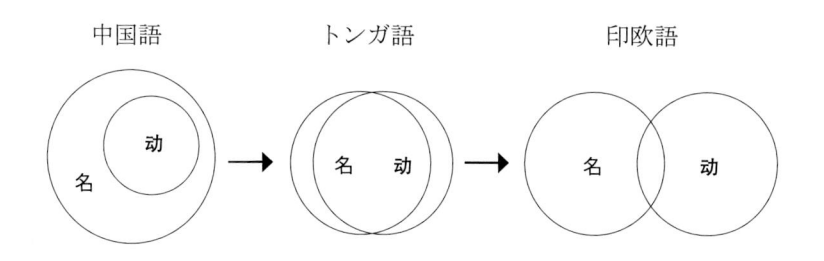

中国語　　　　　トンガ語　　　　印欧語
（名／动）　→　（名 动）　→　（名）（动）

　あたかも細胞分裂のように、印欧語の実詞類は、相対的に独立した二つの類「名詞」・「動詞」に分化してしまっています。中国語の実詞類はまだ

このような分化には至っていませんが、トンガ語はちょうどこの中間の過渡的な分化状態にあります。この分化状態とは、つまり品詞の「文法化」の途上過程でもあり、具体的な語用範疇が抽象的な構文範疇に変遷する過程なのです。中国語はフレーズレベルではすでに主にアスペクトを表す"了、着、过"のように［＋陳述］形式の標識がありますが、これらはどれも強制力のある標識とは言えません。トンガ語は、フレーズレベルでは語例の標識がすでに強制力のある標識となっていて、裸の語はこのような標識がないと陳述語になることができませんが、名詞や動詞はすべてこの標識を付けることができます。印欧語、特にラテン語は、こういったアスペクト標識が動詞の語形変化の一部分となってしまっていて、動詞の形態標識として固定化されています。よって文法化の程度は最も高いと考えられるのです。私がこうした状況をご紹介したのは、品詞モデルは唯一のものではなく、類型論の立場から見て、中国語は「名動包含」であるとした方が、世界言語の大家族における位置づけがわかりやすくなる、ということを皆さんに知っていただきたかったからなのです。

「実現関係」と「構成関係」

　中国語の「名動包含」を論証するにあたり、私は中国語の名詞というのは「指称語」であり、動詞は「陳述語」であると述べました。この事実はこれ単独で存在しているのではなく、他の二つの事実と関連しています。その内の一つは、中国語の主語というのは主題（topic）であるということ、もう一つは中国語の文は発話（utterance）であるということです。趙元任先生によれば、中国語の文の主語は「実際は主題である」し、中国語の文は「両端がポーズ（音声上の停頓）によって限定された発話である」と定義しています。朱先生もまた「中国語の文を確定する最終根拠は、ポーズと音調だけである」と言っています。このように定義された中国語の「文」というのは、つまるところ発話のことです。

　私はただ朱徳熙先生の理論を基礎にして半歩だけ前に踏み出したと述べましたが、上に述べたような意味とは別にもう一つの意味もあると考えています。朱先生は、英語のような印欧語では phrase と sentence は小さい

単位と大きい単位という大小の関係にあるが、中国語のフレーズと文は、抽象的な単位と具体的な単位という質的関係にあたると述べています。これは朱先生がすでに歩み出された前半の半歩です。続けて私が進めた後半の半歩とは、抽象と具体の関係で英語の phrase と sentence を見ることも可能だということです。そうすると英語における抽象から具体への過程は一種の「実現関係」にあり、実現の過程と方法を持っています。しかし、中国語における抽象から具体への過程は一種の「構成関係」にあり、抽象単位や抽象範疇はそれ自体が具体単位や具体範疇から構成されているので、実現の過程や方法を持ちません。

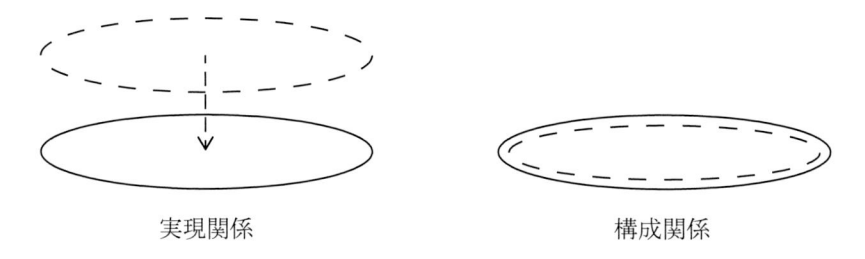

　　　　　実現関係　　　　　　　　　　　構成関係

　このイメージ図において、破線は抽象範疇を表し、実線はこれに対応する具体範疇を表しています。もし抽象範疇が具体範疇に「実現」すれば、実現の過程（矢印）がある、つまり実現の方法が存在します。もし抽象範疇の「構成」自体が具体範疇であれば、実現過程や実現方法といったものは存在しません。

　このように、我々は「実現」と「構成」という概念によって、英語と中国語の「文」、「主語／述語」、「名詞／動詞」という三つの範疇における差異に統一的説明をすることができるのです。

	文／発話	主語－述語／話題－説明	名詞－動詞／指称－陳述
英　語	実現関係	実現関係	実現関係
中国語	構成関係	構成関係	構成関係

　ここで「実現」と「構成」というペアは別に珍しい概念ではなく、ごく

普通の概念であるということを強調したいと思います。たとえば、我々は「秘かに隠れ、増殖し、コンピュータソフトを破壊するプログラム」を「ウイルス」と呼ぶことに慣れていますが、「ウイルス」という語を使ってこのようなプログラムを呼ぶことに反対する科学者も少なからずいます。彼らはこのようなメタファー的表現は事実の真相を隠し、科学性にも欠けると主張します。このことで分かるのは、コンピュータウイルスという比較的抽象的な概念と、ウイルスという比較的具体的な概念との関係は、人によって見方が異なりうるということです。科学者たちは、コンピュータウイルスという概念がウイルスという概念を通して「実現」し、後者は前者の解釈の一つに過ぎないと考えます。しかし一般の人々は、コンピュータウイルスという概念の「構成」自体がウイルスだと認識し、前者は後者から離れては理解されないと感じるのです。

「実現」と「構成」という概念は言語分析に適用されるだけでなく、その他多くの分野にも広く運用されています。ジョン・ロールズ（訳注：John Rawls. 1921-2002. 前世紀アメリカを代表する政治哲学者）は1955年に初めて人類活動の規則は「実現性規則」と「構成性規則」の二種類に分けられると提起しました。

実現性規則：正常な活動を実現させる。交通規則など。
構成性規則：活動自体を作り出す、あるいは構成する。球技の試合のルールなど。

「実現性規則」とは、YならばXを実行する、ということです。たとえば車を運転するならば、赤信号で止まり青信号で進むという規則を実行します。車を運転するという活動の存在と交通規則の存在には関係がなく、実行したり遵守しなくても運転することはできます。ただ懲罰か制裁を受けなければならないだけです。

「構成性規則」は大まかに言えば、Eという環境の中でXを実行すればYと見なされる、ということです。たとえばサッカーの試合では、ボールを足で蹴って入れてもヘディングで入れてもゴールと見なされます。構成性

規則は人の活動を構成し、こういった活動の存在は規則の存在に依存しています。規則を守らなくても懲罰を受けることはなく、期待する結果が得られないだけです。サッカーの試合でハンドプレーをすればゴールと見なされないし、将棋で桂馬が斜めに進まなければ、王手をしても王手とは見なされません。

　もう一例挙げてみましょう。警察官は西洋では法律の執行者であり、夫婦喧嘩があれば、警察官が来て文句なしに夫に手錠をかけて連行してしまいます。どちらが正しいか間違っているかは法廷で判断することとして、誰も警察官に指一本触れられません。一方、中国では、警察官は来たらまず仲裁をせねばならず、下手をしたら何発か殴られることもあります。中国の警察は法律の秩序を守ることだけでなく、同時に社会道徳の秩序を守ることにも責任をもちます。西洋で政治秩序は、道徳秩序に助けられて「実現」しているにすぎないのに対し、中国では、政治秩序はそれ自体が道徳秩序によって「構成」されていると言えるでしょう。また、こういう例もありました。2008年北京オリンピックの開催前、北京市では自動車のナンバープレートによる交通規制、表口の掃除義務などといった制限措置をとり、市民に多くの不便をもたらしました。警察署長は「家族が結婚する時、大掃除をしたり、新しい服を着たりしてお客さんを出迎えるではないか。オリンピック開催は国の結婚式みたいなものだ」と言ったのですが、西洋の考え方は異なり、中国政府のようなやり方はエゴでパワハラだと見なされました。ただ、来客に良い印象を残したいのは中国政府だけではなく、市民もそう願っているということは知っておかなければなりません。つまり、こういうことです。西洋では国は、家つまり民間によって「実現」したにすぎず、国は国、家は家、国の事と家の事は関係がありません。一方、中国では、国は家によって実現されるだけでなく、それ自体が家によって「構成」されているのです。つまり、国は大きな家であり、国の事は市民の事でもあります。このような観念は言語にも反映されています。「国家」という語は「事物」という語のつくりと同じなのです。「事物」、事イコール物、事というのは抽象的な物のこと。「国家」、国イコール家、国というのは大きな家のことです。ある高視聴率の番組タイトルに「道徳法廷」な

どという複合語まであるのです。

　中国の絵画と詩の関係で言えば、蘇東坡（蘇軾）の"诗中有画，画中有诗"「詩中に画あり、画中に詩あり」という名言があります。紅楼夢学者の周汝昌氏は"诗即是画，画即是诗"「詩とは即ち画、画とは即ち詩」と言っており、「詩」と「絵画」の関係について蘇東坡と周汝昌の認識には差があることがわかります。

　　　蘇東坡：実現関係、"有"「存在」の関係。詩の中に絵があり、絵の中に詩がある。
　　　周汝昌：構成関係、"是"「同等」の関係。詩は絵であり、絵は詩である。

仏教の経典にある四句を見てください。

　　　色不异空，空不异色，色即是空，空即是色。（『般若波羅蜜多心経』）

　これは多くの人が聞いたことのある経文だと思いますが、このように解釈できます。色は空に異ならず、空は色に異ならず、色とは空であり、空とは色である。前半の二句では「色」と「空」は実現関係である「有」の関係にあると言っています。空があってこそ色があり、色があってこそ空がある、というのです。後半の二句では「色」と「空」は構成関係である「是」の関係にあると言っています。色というのは空であり、空というのは色である、というのです。

ねじれ関係

　「ねじれ関係（skewed relation）」という名称は、趙元任先生が提起したもので、対応と非対応が併存する関係のことを指します。甲はAと対応し、乙はBと対応するというのは、一対一の対応関係です。ねじれ対応というのは、甲はAと対応しているが、乙はBともAとも対応している、というような状態のことを指します。

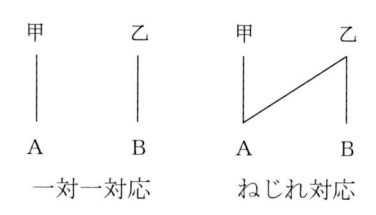

第三講　なぜ中国語では動詞も名詞であると言えるのか

```
甲      乙        甲      乙
│      │         ╲      ╱
│      │          ╲    ╱
A      B         A      B
 一対一対応        ねじれ対応
```

「名動包含」のモデルは、中国語の名詞と動詞の間にある種々のねじれ関係をうまく説明することができます。そのねじれ関係とは主に以下の五種類です：第一に、名詞は主語や目的語にはなるが、一般的に述語にはならない。動詞は述語にも、主語や目的語にもなる。第二に、名詞を修飾する場合、ふつうは形容詞を使い、副詞は使わない。動詞を修飾する場合には、副詞も形容詞も使える。この二種類のねじれ関係については周知のことだと思うので、説明は省きます。ただ、書面語の場合"的"と"地"の二文字と「連体修飾語」、「連用修飾語」の間にもねじれ関係があることを補足しておきたいと思います。"地"は「連用修飾語」のみの標識なので"漂亮的衣服"「きれいな服」と書くことはできるが"*漂亮地衣服"「*きれいに服」と書くことはできません。しかし"的"は「連体修飾語」の標識でも「連用修飾語」の標識でもあります。たとえば、

　　中国人民解放军的迅速（的、地）转入反攻，使反动派惊惶失措。
　　「中国人民解放軍の迅速な反撃で、反動派は驚いて打つ手が無くなった」
　　「中国人民解放軍は迅速に反撃し、反動派は驚いて打つ手が無くなった」
　　个别系统和单位只注意孤立（的、地）抓生产而忽视了职工生活。
　　「一部の組織は生産だけの重視をし、職員の生活を無視している」
　　「一部の組織は生産だけ重視し、職員の生活を無視している」
　　（例文は《语法修辞讲话》から引用）

　第三は、名詞を否定する場合は"没"を使い、"不"を使わない；動詞を否定する場合には"不"も"没"も使えるというねじれです。"没有人"「人がいない」の"没有"は文言では"无"としか言えませんが、"没有来"

85

「来ていない」の"没有"は文言で"未"とも言えるし、"无"と言っても良い。文言は単音節の語を主とし、単音節の動詞は単音節の名詞と同じように"无"で否定することができます。"无"が名詞も動詞も否定するという用法は、現代中国語にも多く保存されています。たとえば、次のようなものです。

有头无尾　　有口无心　　有名无实　　有一无二　　有眼无珠　　有意无意
无声无息　　无法无天　　无声无臭　　有教无类　　有死无二　　无偏无党
有始无终　　无私无弊　　有去无回　　有借无还　　有备无患　　有恃无恐
有惊无险　　无拘无束　　无怨无悔　　无尽无休　　无可无不可
有过之无不及　　有一搭无一搭

　第四のねじれは、名詞を連接する場合は"和"を使い、ふつう"并"は使わない;動詞を連接する場合には"并"も"和"も使えるということです。実際、"和"は名詞性の成分をつなぐだけでなく、二音節か単音節かに関わらず、動詞性成分を連接する時にも使えます。

　　我们要继承和发扬革命的优良传统。
　　　「我々は革命のすぐれた伝統を継承し、盛んにするべきである」
　　中央的有关文件，我们正在认真地学习和讨论。
　　　「国家の関連文書について、我々は真剣に勉強し、討論しているところである」
　　多余的房子只能卖和出租。「余った住宅は売るか賃貸しするしかない」
　　老师讲的你要认真地听和记。
　　　「先生の言うことはちゃんと聞き、覚えなさい」

　第五のねじれは、体詞性成分を代替指示する時は"什么"を使い、一般的には"怎么样"を使わない;述詞性成分を代替指示する時には"怎么样"も"什么"も使える、ということです。"怎么样"は述詞性成分しか代替指示できないが、"什么"は体詞性成分も述詞性成分も代替指示できます。

以下の"什么"の例は朱徳熙先生が挙げられたものです。

　　　名詞性成分を代替指示　　　述語性成分を代替指示
　　　看什么？　看电影。　　　　看什么？　看下棋。
　　　「何を見るの？映画を見る」　「何を見ているの？
　　　　　　　　　　　　　　　　　　将棋をしているのを見てる」

　　　怕什么？　怕鲨鱼。　　　　怕什么？　怕冷。
　　　「何が怖いの？サメが怖い」　「何がいやなの？寒いのがいやだ」
　　　考虑什么？　考虑问题。　　考虑什么？　考虑怎么样把工作做好。
　　　「何を考えているの？　　　　「何を考えているの？どうすれば
　　　　問題を考えてる」　　　　　　仕事がうまくいくか考えてる」
　　　葡萄、苹果、梨，什么都有。　唱歌、跳舞、演戏，什么都会。
　　　「ブドウ、リンゴ、ナシ、何でもある」「歌も、踊りも、劇も、何でもできる」

　中国語でこのようなねじれ関係が実現するとき、特にイメージ図の中の斜線の関係が実現するときは、動詞の「名詞化」を必要としません。というのは、名詞の持つ文法性質はすべての動詞も持っているが、その反対は言えないからです。これはまさに「名動包含」モデルの特徴です。このねじれ関係によれば、"无/未"と"和/并"を用いて、ある語が名詞性か動詞性かをテストする場合、動詞性を持たないことは判定できても、名詞性を持つかどうかは判定できないということがわかります。

　中国語の実詞はもともと名詞性を持っているのです。であってみれば、中国語の名詞は「それ自体は否定を受けない」ということも理解しやすい、とは呂叔湘先生の言葉です。また、朱徳熙先生の考えですが、中国語の名詞に「名詞にしかない文法特徴」を定義することが難しいことも理解できるでしょう。名詞の文法特徴は消去法的に説明するしかありません。それはつまり、名詞は、動詞のようには述語になれないということです。

大名詞と描写語

　名詞・動詞・形容詞を「大名詞」という類にまとめることで、たいへん重要な言語事実が説明しやすくなります。それは、名詞・動詞・形容詞三

者の重ね型がすべて描写語になるということです。本書の第一講でもこの点について述べましたが、"白白"「むざむざと」、"慢慢"「のんびりと」、"大大方方"「ゆったりと」、"随随便便"「気楽に」などのように、形容詞の重ね型が描写語になることについては改めて多くを語る必要はないでしょう。動詞も"飘飘"「ひらひらと」、"抖抖"「ぶるぶると」、"摇摇摆摆"「ゆらゆらと」、"指指点点"「口うるさく」などのように、重ね型にすることで描写語にできます。また名詞も"层层"「一層ごとに」、"丝丝"「かすかに」、"兴兴头头"「得意げに」、"妖妖精精"「妖しげに」などのように重ねて描写語にできます。ここで補足したいのは、名詞性・動詞性・形容詞性のフレーズを重ねても同じように描写語になるということです。

　　很烫　　很烫很烫地做了碗姜汤　　「生姜湯を熱々に作った」
　　很小心　很小心很小心地挤出一点胶水　「恐る恐るのりを絞り出した」
　　哭着　　哭着哭着就瞌睡了　　　　　「泣いているうちに居眠りしていた」
　　一颤　　车身颠得一颤一颤的　　　　「車がぐらぐらと揺れている」
　　大把　　钞票大把大把地往袋里扔　　「お札をどんどん袋の中に放り込んだ」
　　一本书　一本书一本书地读下去　　　「一冊また一冊と読んでいった」

　現行の品詞体系では、まず名詞、動詞、形容詞を分け、その後で形容詞を性質形容詞と状態形容詞の二つに分類しています。状態形容詞とはつまり状態描写語のことです。文法体系からみて、以上の事実に基づいて"丝、山水"「糸、山水」、"抖、摇摆"「揺する、揺れる」、"白、大方"「白い、気前が良い」を名詞、動詞、形容詞の三類に分けるならば、重ね型の状態描写語と"白／大方"のような語を、単にある類の中の二つの副次類とするのは合理的ではありません。反対に、"白／大方"のような語とすべての重ね型の状態描写語を単にある類の副次類として扱うのならば、重ねる前の"丝／山水"、"抖／摇摆"、"白／大方"を三類に分けることも合理的ではありません。合理的なのは、中国語の実詞をまず大名詞と状態描写語に分け、次に大名詞の中を名詞、動詞、形容詞（性質形容詞）に分けるという方法です。

要するに、中国語では名詞、動詞、形容詞の区別は、大名詞と状態描写語の区別に比べてさほど重要ではないということです。語とフレーズの区別もさほど重要ではありません。なぜなら語もフレーズも重ね型にすれば全て状態描写の機能をもつからです。

"出租汽车"「タクシー」問題

中国語の文法構造を考えるとき、単音節か二音節かの区別は名詞か動詞かの区別よりも重要です。というのは、ある組み合わせが「述語＋目的語」の構造なのか、「修飾語＋被修飾語」の構造なのかを判断する場合、組み合せた語が名詞か動詞かを見るのではなく、それらが単音節なのか二音節なのかを見ればよいからです。"出租"「レンタルする」が動詞で、"汽车"「自動車」が名詞だと分かっていたとしても、依然として"出租汽车"が「動詞＋目的語」構造の「車をレンタルする」なのか、「修飾語＋被修飾語」構造の「レンタルする車、タクシー」なのかは分かりませんね。

ところが、語の音節数を変えれば構造の違いがはっきりと区別できます。"出租车"［2音節＋1音節］であれば「修飾語＋被修飾語」の「レンタルする車、タクシー」ですし、"租汽车"［1音節＋2音節］であれば「動詞＋目的語」の「車をレンタルする」です。

動詞＋目的語構造　　：　出租汽车　　租＋汽车　　＊出租＋车

修飾語＋被修飾語構造：　出租汽车　　出租＋车　　＊租＋汽车。

私は名詞と動詞の区別がまったく役に立たないなどと言いたいのではありません。"出租汽车"という四文字では、これが「車をレンタルする」のか「レンタルする車」なのかを判断することはできませんが、"汽车出租"「自動車のレンタル」という組み合わせになれば、名詞＋動詞の組合せで、これが「動詞＋目的語」構造である可能性は無くなり、「修飾語＋被修飾語」の構造であることは判断できます。単音節と二音節を区別する重要性は「シュレッダー」という例にも表れています。

碎＋纸＋机　　　　　＊纸＋碎＋机
＊粉碎＋纸张＋机　　　纸张＋粉碎＋机

　上下左右の対立も"碎／粉碎"と"纸／纸张"の名詞あるいは動詞であるかの区別に関係なく、単音節か二音節か（および語順）と関係があります。「修飾語＋被修飾語」の構造では［2音節＋1音節］の組み合わせが常態で、［1音節＋2音節］はふつう成立しません。この音節の組合せは、被修飾語が名詞であるか動詞であるかという品詞とは全く関係がありません。

A	B	C	D
煤炭店	＊煤商店	双虎斗	＊虎争斗
酱油瓶	＊油瓶子	欧洲游	＊欧旅游
演讲稿	＊讲文稿	十三评	＊九评论
舞蹈家	＊舞专家	本字考	＊字考证

　被修飾語が単音節でありさえすれば、それが名詞性（A"店、瓶、稿、家"）、動詞性（C"斗、游、评、考"）のいずれであっても、「修飾語＋被修飾語」構造（A"煤炭店"「炭屋」、"酱油瓶"「醤油ビン」、"演讲稿"「講演原稿」、"舞蹈家"「舞踏家」：C"双虎斗"「両虎の戦い」、"欧洲游"「欧州旅行」、"十三评"「十三篇の批評」、"本字考"「本字についての考察」）が成立します。しかし、被修飾語が二音節になったとたん、名詞の場合（B"商店、瓶子、文稿、专家"）でも、動詞の場合（D"争斗、旅游、评论、考证"）でも、いずれも不成立となります。

　他方、「動詞＋目的語」の構造は［1音節＋2音節］の組合せが常態で、［2音節＋1音節］は常態ではありません。これも目的語が名詞か動詞かとは関係がないのです。

A	B	C	D
租房屋	？出租房	比长跑	？比试跑
买粮食	？购买粮	学画画	？学习画

关门窗　　？开关窗　　　　谈买卖　　？谈判买
　　　传疾病　　？传染病　　　　做调查　　？进行查

　目的語が二音節でありさえすれば、それが名詞（A"房屋、粮食、门窗、疾病"）であれ、動詞（C"长跑、画画儿、买买、调查"）であれ、すべて「述語＋目的語」構造（A"租＋房屋"「住宅を借りる」、"买＋粮食"「食糧を買う」、"关＋门窗"「ドアと窓を閉める」、"传＋疾病"「病気をうつす」：C"比＋长跑"「長距離走を比べる」、"学＋画画"「絵を学ぶ」、"谈＋买买"「商売を交渉する」、"做＋调查"「調査をする」）として成立します。しかし、目的語が単音節語になると、それが名詞性（B"房、粮、窗、病"）であれ、動詞（D"跑、画、买、查"）であれ、「述語＋目的語」の構造としては成立しません。

　我々はかつて動詞の中でも動詞の性質が比較的弱い「名動詞」を分類することには慣れてきました。その判断基準は、形式動詞"进行"「…を行なう」などの目的語になること、名詞の修飾を受けること、直接名詞を修飾できることでした。しかし、これらの基準は把握しにくい上、それほど重要ではありません。さらに大きな問題は、理論の自己矛盾と体系の前後不一致をもたらす可能性です。ご存知のように、イェスペルセン（O. H. Jespersen 1860-1943）は英語動詞の分詞形式を動詞と名詞のハーフとたとえ、それは動詞と名詞の二重性をもつとしました。たとえば、

　　Brown deftly painting his daughter is a delight to watch.
　　Brown's deft painting of his daughter is a delight to watch.
　　　「ブラウンが上手に描いた娘の絵は目を悦ばせる」

　動詞 paint の分詞形式 painting は、前の文では副詞の deftly に修飾されて目的語 his daughter が付いており、動詞的性質が現れています。後の文では Brown's、deft、of his daughter の三つの修飾語の修飾を受けており、名詞的性質が現れています。

　朱徳熙先生は中国語の「名動詞」も動詞と名詞のハーフで、動詞と名詞

の二重性を持った類似の現象であると指摘されました。名動詞"研究"を例に挙げると、動詞として副詞の修飾を受け（"不研究"「研究しない」）、目的語を持つことができる（"研究文学"「文学を研究する」）し、名詞として名詞と数量詞の修飾を受け（"历史研究"「歴史研究」、"一些研究"「少しの研究」）、動詞"有"の目的語として用いる（"有研究"「研究が有る」）ことができます。そこで、朱先生はこれらのことから、"没有研究"が多義構造であると考えました。

没有研究 N　　"没有历史研究"「歴史研究が無い」
　　　　　　　"没有一些研究"「研究があまり無い」
没有研究 V　　"没有马上研究"「すぐには研究しなかった」
　　　　　　　"没有研究文学"「文学を研究しなかった」

　一方の"研究"は名詞「研究」で、もう一方の"研究"は動詞「研究する」です。このような「名動詞」の位置づけから、"研究很重要"は多義構造であることが推論でき、さらに"跳很重要"も多義構造であることが推論されます。"富士康的十一跳很重要"「富士康社（FOXCONN）の11人跳び下りは重要だ」の中で"跳"は名詞「跳び下り（自殺）」であり、"接二连三地跳楼很重要"「次々とビルから跳び下りるのは重要だ」の中では"跳"「跳び下りる」は動詞です。ここで大きな問題になるのは、"跳很重要"も多義構造であると認めてしまうと、中国語のすべての動詞が動詞と名詞の性質を兼ね備えると言っていることになり、文法体系全体の前後矛盾を引き起こしてしまうということです。問題の鍵となるのは、英語ではすべての動詞が－ing を後接して分詞形式にすることができるのに対し、朱先生が定めた「名動詞」は中国語動詞の中ではごく一部分にすぎないことです。英語の分詞形式と同等に比較するならば、中国語では「名動詞」ではなく、動詞類全体であるべきです。この問題の根源は、中国語において名詞対動詞の対立を重視しすぎて、動詞と名詞を完全に対立させていることにあります。

　では、どうやってこの問題を解決すればよいでしょうか。まずは、中国語の「名動包含」という大きな枠組みを確立しなければなりません。この

枠組みの中で、動詞を動詞的性質の強弱で分けようと思うなら、まず単音節か二音節かを基準に区別すべきです。というのは単音節と二音節の区別は直接に構造タイプと関係するからです。しかも、一種の形態と言えるぐらい規則正しいものです。単音節の動詞は「動強動詞」、二音節の動詞は「動弱動詞」と呼びましょう。動強と動弱のいずれであれ、動詞はすべて名詞の副次類「動名詞」なのです。

補語の問題

　名詞と動詞の対立にこだわりすぎると、補語の問題をうまく解決できなくなってしまいます。動詞の後にくる事物を表す成分のことを、動作対象と動作結果のどちらも全て「目的語」と呼び、動詞の後にくる性質や状態を表す成分のことを、動作の対象は「目的語」、動作の結果は「補語」のように区別して扱う、このようなことは理論上通りません。しかも、中国語の目的語には名詞性と動詞性どちらもあり得ることはすでに認められており、さらに目的語は対象目的語と結果目的語に分けられることまで認められています。それなのに何故、動詞や形容詞の場合は「結果目的語」をわざわざ目的語と別個に扱って「補語」とするのでしょうか。

　　拆房子　（動作対象－目的語）　　　怕累　（動作対象－目的語）
　　「家を取り壊す」　　　　　　　　　「疲れるのがいやだ」
　　盖房子　（動作結果－目的語）　　　想累　（動作結果－補語）
　　「家を建てる」　　　　　　　　　　「考え疲れる」

　　写老师　（動作対象－目的語）　　　打假　（動作対象－目的語）
　　「先生を書く」　　　　　　　　　　「偽物を一掃する」
　　写论文　（動作結果－目的語）　　　打死　（動作結果－補語）
　　「論文を書く」　　　　　　　　　　「殴り殺す」

　　换了印度装（動作対象－目的語）　　不学好，学坏。（動作対象－目的語）
　　「インド服を着替えた」　　　　　　「よいことを学ばず、悪いことを学ぶ。」

換了印度装（動作結果－目的語）　没学好，学坏了。(動作結果－補語)
「インド服に着替えた」　　　　　「学んで習得もせず、むしろ悪くなった」

　上例の4項目ごとに右下の1項目だけが他の3項目と一致せず、補語の扱いになっています。私の意見はこうです。動詞の後にくる動作結果を表すものだけを「補語」と呼んでもよいけれども、理論上それを「目的語」と対立した文法成分として扱ってはいけません。どうしても「補語」と「目的語」を対立させて扱いたいなら、「目的語」は「対象目的語」だけで「結果目的語」はない、あるいは「目的語」は名詞性成分のみで動詞性成分はない、とせざるを得ません。しかし、この説はどちらも中国語の言語事実には合っていません。シンプルな目で中国語を見て、動詞の後に補われる単語をみな「補語」とし、「目的語」というものをやめれば、合理的な構造はこのようになります。

	対象補語	結果補語
事物補語	拆房子 写老師 換了印度装	盖房子 写论文 換了印度装
状態性質補語	怕累 打假 学坏	想累 打死 学坏

　重要な例証が一つあります。「動詞＋補語」構造である"问明白"「聞いてわかる」は"问个明白"とも言えますが、この"问个明白"は「動詞＋目的語」構造である"盖个亭子"「東屋（あずまや）を建てる」と構造的に平行しているのです。

　　　盖了个亭子　　　　问了个明白
　　　盖一个亭子　　　　问一个明白
　　　盖他个亭子　　　　问他个明白
　　　盖得个亭子　　　　问得个明白
　　　盖了些亭亭馆馆　　问了个明明白白

　　　　盖得了些亭亭馆馆　　　问得了个明明白白

　映画『三枪拍案惊奇』(訳注:2009年、張藝謀監督作品。邦題は『女と銃と荒野の麺屋』) の中で張藝謀が陝西方言で歌ったラップがありますが、このように歌っています「おじちゃんもおっちゃんも皆おじさん、机も椅子もみな木製品」。これを真似て、このように言ってはどうでしょう。「中国語、対象も結果も目的語、名詞も動詞もみんな補語」。皆さんに誤解しないでほしいのは、目的語というのをやめた後、補語をさらに細分化する必要がないと言っているのではなく、それは次のステップでの作業である、と言っているということです。

"之"と"的"の機能

　「名動包含」モデルを見ると、中国語では名詞と動詞の対立にはこだわらないほうが良い、動詞と名詞を対立させて考えるべきではない、ということがわかります。名詞と動詞の対立にこだわっていると、"鸟之将死"「鳥のまさに死なんとす」と"这本书的不出版"「この本を出版しないこと」の中にある"之"と"的"が一体どんな役割を果たしているのかがわかりません。

　　　The bird is going to die.　鸟将死　「鳥まさに死なんとす」
　　　the bird's coming death　　鸟之将死「鳥のまさに死なんとす」

　英語の The bird is going to die「鳥が死につつある」と the bird's coming death「鳥が死につつあること」は文法的性質に大きな違いがあります。前者は文で後者はフレーズであり、後者は前者がフレーズ化した結果です。また、die は動詞で death は名詞、death は die が名詞化あるいは指称化した結果です。中国語文法について述べようとすると無理に英語と比較しがちになり、"鸟将死"と"鸟之将死"の違いを英語と同じように扱ってしまいます。そのせいで古代中国語文法の研究で、"之"の役割は、フレーズ化、名詞化、指称化であるという説が生まれたのです。実際には"鸟

将死"は文でもフレーズでもあり、"死"は動詞（dieに相当）でも名詞（deathに相当）でもあり、陳述語でも指称語でもあります。フレーズ化、名詞化、指称化などはしていません。これは中国語の名詞と動詞が分けられないとか分ける必要がないと言っているのではなく、分けることがそれほど重要ではないと言っているのです。"鸟之将死"と"这本书的不出版"の"死"と"出版"はいったい名詞性なのか動詞性なのかということにこだわる必要はありません。重要なのは"之"と"的"の性質と機能を明らかにすることです。要するに、"鸟之将死"「鳥のまさに死なんとす」と"鸟之双翼"「鳥の両翼」、"这本书的不出版"「この本の不出版」と"这本书的内容"「この本の内容」は同じ構造だと考えても良いということです。"之"と"的"の機能は、指示対象がモノであるかコトであるかには関係がなく、指示対象の指別度を高めることにあります。中国語の名詞と動詞の対立にこだわりすぎて、古代中国語の"之"字構造の研究はずいぶん遠まわりしてしまいました。現代中国語の"的"を研究する際には余計な遠まわりは無用です。

脳映像実験による結果分析

　神経心理学の研究によると、英語などの印欧語では大脳皮質での活動領域が名詞と動詞では異なっており、動詞の活躍領域は前頭皮質（frontal cortex)、名詞の活動領域は後頭皮質（posterior cortex）にあることがわかっています。脳の映像実験によると、動詞では前脳部分が強く活性化され、名詞では後脳部分が強く活性化する結果が出ました。この実験結果は神経心理学の研究結果と一致しています。ブローカ野は前脳に位置するため、ブローカ失語症患者には動詞の処理に障害が起こり、ウェルニッケ野は後脳に位置するため、ウェルニッケ失語症患者には名詞の処理に障害が起こるのです。

　ここで、中国語に対するMRIの脳映像実験を紹介しましょう。被験者に語彙判定（lexical decision）をさせるもので、実験材料は中国語の二音節名詞"道路、电影、观众"、二音節動詞"担任、打破、告诉"、二音節の動詞名詞兼類詞"变化、编辑、建议"です。実験結果は次の二点となりました。

第三講　なぜ中国語では動詞も名詞であると言えるのか

(1) 中国語の名詞と動詞が活性化させる領域は、前脳と後脳に分散している。英語が動詞しか前脳を活性化させないのに対し、中国語では名詞も動詞と同じように前脳を活性化させる。これについて研究者たちは、中国語文法における名詞と動詞の特殊性と関係があると指摘しています。動詞は自由に主語や目的語になり、名詞も自由に述語になれるからだというわけです。

(2) 尾状核（caudate nucleus）が名詞と動詞の違いをはっきりと示す唯一の部位である。そこでは、名詞に対する活性化が動詞より強い。従来の研究では人間が認知と言語行動を行う時、尾状核が前脳部分と似たような働きをすることがわかっているが、なぜ尾状核部分が名詞のみによって活性化するのかははっきりしていません。

(1) で言及された中国語文法の特殊性には少し問題があります。中国語の言語事実として、動詞は自由に主語や目的語になれるが、名詞は自由に述語になれません。すなわち名詞と動詞の機能は平行していないのです。この点は中国語だけではなく、英語も同じです。私はこの点について2010年に発表した《从"演员是个动词"说起》という論文の中で述べました。中国語の「名動包含」モデルがあってこそ (1) の観点を見直すことができ、(2) がはっきりしていない理由についてもきちんと説明できるのです。下図を見てください。

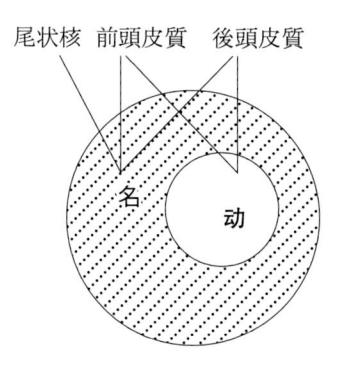

動詞は名詞の副次類として名詞に含まれています。動詞は名詞、つまり

動名詞です。なので、動詞も後頭皮質を活性化させます。一方、すべての名詞が動詞であるとは限らないので、動詞ではない一般名詞も述語になることができる（ゆえに前頭皮質を活性化する）としても、名詞述語文は特殊な表現であるため、名詞は前頭皮質を活性化するのみならず、前頭皮質の機能に関連する尾状核も活性化するのです。

児童の名詞・動詞習得

　別の言語心理学の実験に採用された「マッチング法」では、被験児童に、新出単語に対してそれに相応しい事物や動作を組み合わせさせるというものです。実験の結果、英語・日本語・中国語を話す3歳児はすでに全員、新出名詞を新しい事物と組み合わせることができました。英語・日本語を話す5歳児はどちらも新出動詞と新しい動作と組み合わせることができましたが、中国語を話す5歳児はそれができず、まだ新出動詞を新しい事物と組み合わせる傾向がありました。

　この結果はこのように説明できます。事物の概念は動作の概念より習得しやすいため、児童は名詞と動詞を習得するときに「名詞を優先させる傾向（noun bias）」がある。つまり、新出単語に出会うと児童はまずそれを名詞だと認識して新しい事物と組み合わせ、それが名詞ではなく動詞であることを表すような矛盾する手がかりがあるときだけ、それを新しい動作と組み合わせるということです。動詞であると判定する主な手がかりは、(1) 項構造情報。つまり動詞と共起する項（argument）のことで、主に主語と目的語です。(2) 動詞のみに付け加えられる様々な形態標記。英語では項を欠落させることはできず、文には主語がなくてはいけないし、目的語を勝手に省略してもいけませんね。動詞の形態は日本語の方が発達しており、日本語では項が欠落してもかまいません。中国語はこの二つの手がかりがどちらも足りないため、新出単語を新しい動作に関連づけることが難しいのです。したがって、コンテクストからの情報に頼らざるを得ない。そのために中国語を話す児童は、英語や日本語を話す児童より動詞の習得が遅いのです。

　中国語は日本語と同じように「動詞親和性」言語だという人もいました。

第三講　なぜ中国語では動詞も名詞であると言えるのか

なぜかというと、中国語と日本語は英語と違い、argument dropping といって項を欠落させても良いからです。さらに、中国語は日本語よりも項欠落の自由度が高いため、中国語の動詞親和性が最も高いと思われます。この考え方だと、中国語を話す児童は名詞より動詞習得のほうが早いと推論されますし、実際にこの推論を証明できるという研究もあります。動詞親和性の言語である中国語、韓国語、日本語はいずれも、児童の語彙において名詞が動詞よりも多いと言います。ただし、この結論には、どの研究者もマッチング法を採用せず、母親と研究者自身が動詞と名詞の判断をつけたという問題があります。このような判断はとても難しく、児童がある動詞を口にしたとしても、その意味を大人のように理解できているとは限りません。特に一語文や二語文という段階では、口にした単語を児童自身が名詞と動詞のどちらにとらえているのか、研究者にもわかりません。児童が一定の文脈内で新しい動詞を新しい動作と関連付けられるようになってはじめて、児童がこの動詞の使い方を理解できたと説明できるのです。

　結局、ご紹介したこのマッチング実験によると、日本語・英語・中国語の三言語では、名詞より動詞の習得の方が遅いという結果になり、これによって習得には「名詞優先傾向」があることが証明されました。動詞習得の時期が三言語でそれぞれ異なるのは、各言語の文法特徴が違うためです。中国語の動詞は名詞からはっきりと分離していないので、動詞を判別する手がかりが最も少なくなり、児童にとっても習得が最も難しいという結果になってしまいます。

文法研究の打破と再構築

　呂叔湘先生は、中国語の文法研究には「大いなる打破と再構築」が必要であると述べられました。大いなる打破とは伝統的で重要な概念を思い切って打破すること、とりわけ重要なことは印欧語を見る視野の束縛から脱却することです。二つの範疇が対立するとき、"男人" と "女人" のような分立対立と、man と woman のような包含対立の二つの状態があるにもかかわらず、我々はこれまで中国語の名詞と動詞は分立対立でしかありえないと思い込んでいました。言うまでもなく、これは印欧語の枠組みに束

縛された概念でした。次に重要なことは、中国語から中国語を見るという習慣を打破することです。中国語では裸の名詞がそのまま指称語になれるということは、印欧語と区別される重要な特徴の一つなのです。今までこの大事なポイントを見逃してきたのは、中国語からだけ中国語を見ていたために、本質を把握できていなかったのです。

　逆に、先人が伝統的な観念から抜け出すために作り上げた功績に関しては、打破するどころか受け継いで行くべきです。中国語の動詞は主語や目的語になるとき「名詞化」しないこと、中国語の文とフレーズは同じ構造で、両者の関係は抽象単位と具体単位という関係であること。これらは先人が残してくれた大切な遺産であり、絶対に無駄にしてはいけません。
名詞と動詞の対立にこだわり過ぎたため、動詞・名詞の違いよりもたいせつな言語現象が見えていませんでした。たとえば、重ね型という現象は中国語と印欧語を区別する重要な形態手段であるし、単音節語と二音節語の対立は構造を区別できる準形態手段です。名詞と動詞にかかわる多くのねじれ現象は、すべて名詞と動詞の分布状況と深い関連があり、秦代以前の中国語における"之"構造における"之"の機能は、かなりの程度指示詞的であるにもかかわらず、名詞化とかフレーズ化とかの遠回りをしてしまいました。

　「打破からの再構築」とは言いつつも、「再構築」にはまだまだ大変な作業をしなければなりません。再構築の作業は始まったばかりです。たとえば、まず最初に名詞と描写語に大分し、次に大名詞内部の名詞・動詞・形容詞を区別することによって、名詞、動詞、形容詞の包含対立モデルというものを確立したこと。もう一つは、まず単音節か二音節かによって動詞における動詞性の強弱を区別する基準とし、次に二音節動詞における動詞性の強弱を区別したこと。また、補語の問題に対して「名詞性成分は補語にならない」という人為的な制限を無くしたことです。

　王選氏（訳注：1937-2006。漢字レーザー写植システムの創始者）が漢字のパソコン入力という難題を解決されたのは偉業でした。私たち中国語の研究者は、より厳しい局面に挑戦せねばなりません。それは、如何にしてコンピュータに"出租汽车"を理解させるか、という問題です。中国語の

特徴について理論上の理解を深めないかぎり、応用面での革新はあり得ないのです。

参考書目

　中国語の「名動包含」については、沈家煊（2007）、(2009a)、(2009b)、(2010a)、(2010b)、(2010c)、(2010d)、(2011)、沈家煊・完权（2009）、完权・沈家煊（2010）；名詞と動詞の脳映像に関する実験については Ping Li ほか（2004）；児童の名詞動詞習得に関する心理学的実験については Haryu E ほか（2005）をそれぞれ参照されたい。

講演記録

　2011年1月22日の日中対照言語学会特別例会（大東文化会館）、同年6月7日のフランス高等社会科学院東亜言語研究所における講演。

第四講　言うか、言わないか？
－虚詞研究における重要な問題－

　中国語の研究において語順と虚詞はたいへん重要なポイントです。語順と虚詞を抜きにして中国語の文法は成り立たないと言っても過言ではありません。虚詞の多くは意味と用法が複雑なため、これまでの研究方法にも二つの偏りがありました。一つは極端なもので、虚詞の意味や用法を羅列するだけで、それぞれの関連性を説明しない方法です。これでは学習者は虚詞を理解することもマスターすることもできません。もう一つは、抽象的でざっくりとした説明しか与えない方法です。たとえば、ある語気助詞は「強調を表わす」と言いながら、いったい何を強調するのかは説明してくれません。ひどい場合には、一方では「強調」と言う人がいるかと思えば、他方で「婉曲」という人もあったりして、矛盾だらけでした。
　私たちはイヴ・スィーツァー（Eve E. Sweetser U.C.Berkeley 教授）のおかげで「三つの認知領域」という枠組みを採用することができるようになりました。「現実世界（内容領域）」・「認識領域」・「言語（会話行為領域）」のそれぞれを中国語では三文字を用いて「行（域）」、「知（域）」、「言（域）」と訳しましょう。この三つの領域概念によって、各用法や意味間の差異、また相互の関連性が分かりやすくなります。三領域の中では「行域」と「知域」は比較的理解しやすい概念ですが、「言域」は一番わかりにくい概念だと考えられます。今日の講演題目である「言うか、言わないか」は、虚詞研究における「言域」と関係があります。
　では、最後のまとめを含めて七つの側面から述べて行こうと思います。

言うと言わないでは大違い
　同じ事象でも、場面、立場や性格などの違いによって「言っても言わなくても同じ」なので言うだけ無駄だと考える人がいる一方で、「言うか言わないかで大違い」なので言うことは無駄ではないと考える人もいます。

暁莉：我们马上离婚！「今すぐ離婚よ！」
　　張强：再给我一次机会吧！我一定改。
　　　　　「もう一度チャンスをくれ、絶対直すから」
　　暁莉：这样的话你说了多少遍了，不要再说了。
　　　　　「そんなセリフ何度言えば気がすむのよ、もう言わないで」
　　張强：求求你再给我一次机会！我真的一定改。
　　　　　「お願いだ、もう一度チャンスをくれ！きっと直すから」

　上の会話例では、暁莉は張强の「もう一度チャンスをくれ」という懇願や「きっと直す」という約束などはいくら言っても無駄だと思っているので、「言っても言わなくても同じこと」と考えています。一方、張强にとっては「言うと言わないでは大違い」なので、同じことばを繰り返し言っていますね。
　もう一つ別の例を見てみましょう。

　　暁莉：你到底爱不爱我？说。　「私のこと本当に愛している？言って」
　　張强：莉莉，我的心你还不明白吗？！
　　　　　　　　　　　　　「僕の気持ちがまだ分からないのかい？」
　　暁莉：不行，我就是要你说出来。　「だめよ、言ってちょうだい」
　　張强：莉莉，这还用说吗？！　「言わなくても分かるだろう？！」
　　暁莉：说，说呀！　「はっきり言ってよ！」

　ここでの張强は「言っても言わなくても同じこと」と思っています。しかし、暁莉にとっては「言うと言わないは大違い」なので、張强の口から I love you. と言って欲しかったのです。同じ人間でも場面次第で「言っても言わなくても同じ」と考えたり、「言うと言わぬは大違い」と感じたりするものです。
　もちろん人や場面次第で違いはあるでしょうが、言うか言わないかは、やはり大きく違うということを最初に述べたいと思います。きっと皆さんもいろいろな場面で、言うか言わないかで迷ったことがおありでしょう。「痰を吐くべからず」、「偽造・偽装禁止」、「権力を濫用するべからず」といっ

たことはすべて常識だから、わざわざ言う必要はないという考えかたがあります。しかし、いくら常識であっても繰り返し言うべきであるという考えかたもあり得ます。また、上司が何も言わずに黙っている時は、黙認と拒否の両方の可能性があり得ますが、どちらであったとしても、もし問題が起きて責任が問われることになった場合には、上司が自分は何も言わなかったと主張すれば責任を逃れることができます。やはり「言うか言わないか」では大違いですから、「沈黙は金なり」という諺が生まれたのでしょう。

　オースティン（J.L. Austin 1911-1960）の「言語行為論」によると、「発話すること」と「何かをすること」とは同じように「行為」です。つまり、「する」と「しない」とが異なるように、言うと言わないも異なるのです。言うことで「発話内の力（illocutionary force）」と「発話後の効果」が含まれ、言わなければ当然何も生じません。

　時には発話の力が間接的で、グライス（Grice, H.P. 1913 - 1988）が言うところの「協調の原則」（cooperative principle）によって「会話の含み」（implicature）として推測できる「言外の意」もあります。言外の意は、たとえ容易に推測できても、直接そう言わないかぎりは、そんな言外の意はないと否定することはできます。そのことを取消可能性（cancellability）とも言います。たとえば、

　　甲：我算是遇上了小人。　「卑怯者に出会ったということだ」
　　乙：你什么意思？说我是小人？「どういう意味？私を卑怯者だと言うの？」
　　甲：不，我没有这么说。　「いや、そんなことは言ってない」
　　乙：哼，你心里明白。　　「でも、心の中でそう思っているでしょう」
　　甲：我就是没有这么说！　「そんなことは言ってないって」

　甲は言ってないのだからそんな気はないとして、相手が推測した「言外の意」を否定します。しかし、乙は直接言われなくても「言外の意」は誰でも推測できると反論しています。すなわち、甲は「言うと言わないは大違い」と考え、乙は「言っても言わなくても同じ」と考えています。甲がこのまま自分の主張を貫けば、乙としては反駁の余地がありません。

ああ言うとこう言うは大違い

　言うは言わないとは大違いで、言えば発話内の力が生じます。同じく、ああ言うとこう言うのとでは意味が異なり、言いかた次第でそれなりの発話内の力が生じます。下の例をご覧ください。

　　你们搞错了，你不是我姐姐。
　　「あんたら間違っているよ、あんたは俺の姉ちゃんじゃない」
　　可你是我弟弟。我认出来了。
　　「でも、君はわたしの弟なの。私わかっているわ」

　これは王朔の小説『玩的就是心跳』にある会話です。言葉遊びの達人である王朔は、「あんたは俺の姉ちゃんじゃない」と「俺はあんたの弟じゃない」は、それぞれ違った発話内の力と発語後の効力を持っていることを理解しています。
　また、王蒙の文章『精神侏儒的幾個小鏡頭』でも、下例のようにアイロニーの発話内の力が普通の陳述文より効果があると述べられています。

　　他的名片竟然粘在了汽车大梁上，以至于被偷窃的汽车是根据这张名片才找到的。颠倒一下主宾位置，说成汽车粘在名片上，更绝。
　　「彼の名刺が車の屋根にくっついていて、盗まれた車がうまく見つかった。このような場合、むしろ主語と目的語が互いに入れ替えて、本当は車が名刺にくっついていたと言うほうが言い得て妙である」

　次の例はどうでしょうか。

　　中国的足球健儿没有屡战屡败——他们是屡败屡战。「中国のサッカー選手は"戦う度に負けた"のではなく、"負ける度に戦った"のだ」
　中国清代末期の軍人・曽国藩（1811－1872）は幕僚が書いた戦報の一節「戦う度に負けた」というフレーズを「負ける度に戦った」と書き変えさせたことがあります。「戦う度に負けた」では戦っても負けるばかり。

105

これに反して「負ける度に戦う」は負けても負けてもあきらめずに戦に挑むとも読めます。この話は今なお真似て使われることが多く、中央テレビ局のスポーツ番組では上例のように使っていました。

　　去年崔兴汉去苏联访问，宾馆的一位服务员说："我看您像日本人。"他纠正她："不，应该说日本人像中国人！"苏联姑娘可能至今也不知个中的微妙区别。
　　「去年崔興漢がソ連を訪れた時、ホテルのスタッフが「あなたは日本人に似ていますね」と言った。彼は「いいえ、日本人が中国人に似ていると言うべきですよ」と反論した。しかし、ソ連の若い娘さんは今に至るまでその微妙なニュアンスの違いはわからないであろう」

上は金河の作品『東北作家』にあった文例です。甲が乙に似ていれば、すなわち、乙も甲に似ていると言えそうなものですが、崔さんはホテルスタッフの発言を正しました。つまり、「中国人が日本人に似ている」では日本人を基準とした言い方になり、「日本人が中国人に似ている」と言ってこそ中国人を基準とした言い方になるからです。れここそ「微妙なニュアンスの違い」ですね。作家や文筆家のみならず一般の人々でも、ああ言うのとこう言うのとでは違うということを理解しているのです。私が強調したい二つめのポイントはこの点です。

あいさつ— 発話から発話行為へ

"寒暄"「挨拶（あいさつ）」の本義は「寒暖」です。ちなみに、私の名前の「煊」の字は「暄」に通じ、日光を浴びたり火の傍で暖を取るという意味です。人と会う時の挨拶には天候の寒暖を話題にすることが多いので、「寒暄」が「挨拶する」意味の動詞に転じました。そして「暄」の字も、言語行為であることを示す「喧」の字に変化しました。中国社会科学院語言研究所の李明氏がこの通時的変化について詳細な研究をしています。

　　（王母）下车登床，帝跪拜，**问寒暄**毕，立。

「王母は車を降りて床に上った。帝は膝を折り、寒いか暑いかと伺うと、立ち上がった」(『太平広記』第3巻「漢武帝内伝」)

先生往浄安寺候蔡。蔡自府乗舟就貶，過浄安，先生出寺門接之，坐方丈，**寒暄**外，无嗟労語。
「先生は浄安寺へ行き、蔡氏を待つ。蔡氏は船に乗り、左遷先へ行く。蔡氏が浄安寺を経由する際に、先生は浄安寺を出て、迎えに行く。二人は寺の方丈に座り、挨拶する以外余計な話しはしなかった。(『朱子語類・朱子四』)

上例の"寒暄"はまだ「寒暖」を問うという意味ですが、下例での"寒暄"は既に「挨拶する」と言う意味に変化しています。李明(2004)では、近代漢語の"珍重、起居、不審"や現代漢語の"再見"なども"寒暄"と同様の変化を経たと述べられています。

曹山乃倒臥，師便**珍重**而出。
「曹山氏が横になったので、先生はお大事にと言い、出ていった」(『祖堂集』巻三，荷沢和尚)
一両日間，儿子便到，跪拝**起居**："自离左右多時，且喜阿娘万福。"
「両日中に息子が来た。息子は跪拝し、普段の生活について伺い、『母上の傍を離れてから長い時間が経ちましたが、母上が相変わらずお元気であることを心から喜んでいます』と言った」(『変文・目連縁起』)
那群孩子像大人一様互相握手告別，大声**再見**。
「子供たちはまるで大人のように握手で別れを告げ、大きな声でさようならと言った」(王朔『我是你爸爸』)

"珍重"「大事にする」は「お大事にと言う」に、"起居"「普段の生活」は「普段の生活について伺う」に、"再見"「さようなら」は「さようならを言う」に変化しています。
"不審"という語の場合はちょっと複雑です。本義は「審(つまび)ら

かにせず」つまり「よくわからない」という意味ですが、下の例文 a のように挨拶フレーズの前に置かれています。b では挨拶そのものになり、c では挨拶の発話行為自体になっています。

 a．顾司空时为扬州别驾，援翰曰："……**不审**尊体起居如何？
  「顧司空、時に揚州別駕爲り。翰を援つて曰く（中略）尊體の起居如何なるかを審らかにせず、と」（『世説新語 言語』）
 b．夹山有僧到石霜，才跨门便问"**不审**"。
  「夾山にてある僧が石霜に着いた。門に入ったとたん、「元気か」と聞いた」（『祖堂集』巻七・岩頭和尚）
 c．树神……直至庵前，高声**不审**和尚。（『変文・廬山遠公話』）
  「樹神は…庵の前へ行き、大声で和尚さんに挨拶した」（『変文・廬山遠公話』）

李明氏はこのような語義の変遷を「発話から発話行為への変化」として次のようにまとめています：「X という話し」が「X と話す」に取って代わる。

ここまで見てきたのは実詞の変化でしたが、同様に虚詞にも「虚から虚へ」の変化が見られます。これは今回お話しする大事なポイントです。では、次に"再见了"の"了"からお話を始めたいと思います。

"了"—"行域"から"言域"まで

現代中国語の虚詞"了（le）"は実詞である動詞"了（liǎo）"から虚化し、二つの用法を持つようになったものです。動詞に後接する"了"は動作の「完成」あるいは「実現」を表わし、文末の"了"は「事態に変化が生じたことを肯定する」あるいは「新しい事態が出現したことを伝える」と言われます。しかし、以下の文末にある"了"を見てください。

  再见**了**，走好。　「さよならね、気をつけて」
  走好**了**，再见。　「気をつけてね、さよなら」

第四講　言うか、言わないか？

　　请了！　「どうぞ」
　　保重了！　「お大事にね」
　　対不起了！　「ごめんね」
　　没关系了！　「かまわんよ」
　　咱们坐了！　「座ろうね」
　　请喝茶了！　「お茶でもどうぞ」

　上の例文はすべて文末に"了"を付けなくても成立しますが、"了"が無いとニュアンスが硬くなります。『現代漢語八百詞』では、これらの"了"は「何らかの変化があったことを示すものではない」と述べており、「事態に変化が生じたことを肯定する」という説明と矛盾しています。上の例文はすべて出会いや別れの挨拶ことばでたいした意味内容はありませんが、社交上の潤滑油としては有効で、これを言うか言わないかで、やはり大きな違いがあります。この現象は次のように説明できます。

　　「話の内容 X ＋ 了」が「私は X と言う＋了」に取って代わる

　「話の内容」X は様々ですが、個別の X が「その内容 X を話す動作」として固定化することがあります。たとえば先に見た"再见"がそうでした。（ただし、『現代漢語詞典』では"再见"に「別れの挨拶を告げる」という意味用法はまだ立項していません。）大多数の X は臨時的にこのような用法を持つことがあり、形式としても定まってはいませんが、たとえば"咱们坐着说了"「座って話そうよ」だとか"请吃点水果了"「果物を食べてね」などのように変化させて言うことがでることを考えると、私たちも着眼点をXから統一された"了"に移すことができます。"了"の用法に着目すれば、こういうことです：

　　「X ＋ 了」が「私が X を言う」に取って代わる。

　文末の"了"が「新しい事態」の出現を表わすとすれば、"他们俩告别

了"「彼らは別れを告げた」の"了"は"他们俩告别"「彼らが別れを告げる」という新しい事態の出現を表わしています。同様に、別れ際に言う"再见了"の"了"は"我说'再见'"「私がさよならと言う」という新しい発話行為の出現を表わしていることになります。この二つの"了"について、「行域」の前者を"了$_行$"、「言域」の後者を"了$_言$"と呼ぶことにします。

　　了$_行$：「新しい事態の出現」を表わす
　　了$_言$：「新しい発話行為の出現」を表わす

　発話も行為である以上、「発話行為」も一種の「事態」であり、ただ特殊な「事態」であるに過ぎません。発話行為は話者と聴者の間の交流であり、常に話者である「わたし」の態度、立場、気持ちと結びついているため、一般的な事態に比べて強い「主観性」を帯び、かなり虚的な事態となります。ゆえに"了"が「行」域から「言」域へと転ずるのは「虚から虚への変化」と言えるのです。
　「X＋了$_言$」が「私がXと言った」に転じるのは、"寒暄""挨拶"が「挨拶を言う」に転じるのと同じ点もあり、異なる点もあります。同じ点はどちらも「言う」という行為であること、異なる点は"了$_言$"が必ず「わたし」が言うこと、そして「いま現在」言うことである点です。たとえば、下の二例を比べてみましょう。

　　a．他们俩挥手再见了。「彼らは手を振って別れを告げた」
　　b．再见了，走好！「さよならね、気をつけて！」

　どちらも同じ"再见了"ですが、例文aの"再见"は「さよならと言う」という意味で、このような用法は既に固定化しており、ここでの"了"は新しい事態の出現を表わす"了$_行$"です。例文bの"了"は、新しい発話事態の出現を表わす"了$_言$"です。
　この点が理解できれば、文末の"了"について他にも解釈しにくかった用法も説明しやすくなります。「言域」の発話行為は、挨拶の決まり言葉

のほかにも「要求、命令、警告、質問、許諾、宣告」などがあります。下に例を挙げて順に説明しましょう。

  帮帮我了！　「助けてよ！」
  给碗粥喝了！　「お粥を飲ませてくれよ！」
  千万别开除我了！　「ぜったい私をクビにしないでね！」
  把枪放下了！　「銃を下ろせよ！」

 これらの例はいずれも要求や命令を表わす文で、文末に"了"を加えなくても成立しますが、"了"が付かないと少し硬い口調になります。ここで、"帮帮我了"「助けてよ」と言っているのは実際には"我请求［帮帮我］了"「私は『助けて』と要求する（ことになった）」と言うことです。また、"把枪放下了"「銃を下ろせ」も"我命令［把枪放下］了"「『銃を下ろせ』と私が命令する（ことになった）」ということです。"了"の機能は新しい発話行為「要求／命令」が出現したことを表わしており、これを公式化すると下のようになります。

  "我请求 X 了"：「私は X と要求する（ことになった）」
  "我命令 X 了"：「私は X と命令する（ことになった）」

 上で見たような言い方は、若者言葉にしか見られないと言う人もありますが、それはまさにこのような虚化用法がまだ生まれて間もないことの反映です。

  快点了！　　　　　さっさとね！
  抓牢了！　　　　　しっかりつかんで！
  别去了！　　　　　行かないで！
  当心摔倒了！　　　転ばないように気を付けて！

 上の例文は注意・警告や勧告を表わす文で、文末に"了"を加えなくて

も成立しますが、"了"が付かないとやはり少し硬い口調になります。ここでの"了"の機能は新しい発話行為「注意／警告／勧告」が出現したことを表わしています。

　　去了老李、小张，还有谁了？
　　　「李さんと張君が行ったら、後は誰がいる？」
　　每天迟到，你还想不想要这工作了？
　　　「毎日遅刻して、この仕事が欲しくないのかね？」
　　这衣服怎么不漂亮了？　「この服、まだきれいじゃないか」

　上の例文は疑問や反語を表わす文で、文末に"了"を加えなくても成立しますが、"了"が付かないとやはり少し硬い口調になります。ここでの"了"の機能は新しい発話行為「疑問／反問」が出現したことを表わしています。

　　就这样了！　「じゃあ、そう言うことに」
　　包在我身上了！　「わたしに任せてね」
　　不逼你了！　「もうプレッシャーかけないからね」
　　是了！　「了解です」
　　不了！　「お断りします」

　上の例文は承諾・許可や拒否を表わす文で、文末に"了"を加えなくても成立しますが、"了"が付かないとやはり少し硬い口調になります。ここでの"了"の機能は新しい発話行為「承諾／許可／拒否」が出現したことを表わしています。

　　主席：现在开会了。　「議長：ただ今より会議を始めます」
　　老师：安静，上课了。　「先生：静かに。授業を始めます」
　　经理：你被录用了。　「社長：あなたを採用します」
　　拍卖师：这件拍卖品归你了。　「競売人：この品物はあなたの物です」

第四講　言うか、言わないか？

　上の例文は宣告を表わす文で、話し手はある制度や儀式の場において特定の権力を有すると見なされる人間で、話し手がその権力を持って言葉を発したその時点で、宣告という行為が実施され、宣告の内容が実現することになります。ここでの"了"も新しい発話行為「宣告」が出現したことを表わしています。

　以上を要するに、"了₍言₎"とは「私はXと言う（ことになった）」を示す標識で、抽象的な「言う」は具体的には「依頼、注意、質問、約束、宣言」など様々な発話行為があります。

　実は最近、上海でシンポジウムに参加した時、河南大学の張宝勝氏の発表がありました。張氏は河南省汝南出身で、幼時から汝南方言を話してきました。その発表によると、"了₍行₎"の音声形式は［lɛ］で、"了₍言₎"は［le］であるとのことでした。なんと、虚化の程度が高い"了₍言₎"は音声面でも更に弱化が進んでいるのです。

　"了₍言₎"が新しい発話行為の出現を表わすとき、「新しい発話行為」は言語環境やコンテクストによって変化します。これが正に"了₍言₎"の特徴で、注意していただきたい点です。たとえば"吃饭了"はコンテクスト次第で、発話行為も違ってきます。

　　　a．快，吃饭了！　「早くしなさい、ご飯ですよ」（子どもが食事時間になっても遊んでばかりなので、母親が「催促」している）
　　　b．来，吃饭了！　「さあ、食べようね！」（患者に食欲がなくて食べようとしないとき、家族が「忠告」している）
　　　c．好，吃饭了。　「はい、食べますよ」（家族の勧めを受けて、患者が「承諾」している）

　従来はこの種の"了"を「事態に間もなく変化が出現する」とか、未来時制の用法であるなどと説明されてきました。しかし、胡適先生は早くも1921年に『国語文法の研究方法』（訳注：『新青年』1921年第9巻第3、4期に掲載）という文章の中で「明らかに未完成の動作に対して、なぜ完了を表わす"了"を使うのか」と疑問を呈しています。言語類型論の研究に

おいても、完了を表わす語や形態素を用いて未来を表わすことなど、めったに見られないどころか、世界中どの言語でも虚化のプロセスにおいて、こんなケースは見つかりません。

　更に答えるべき問題がもう一つあります。なぜこの"了_言"にはニュアンスを和らげる機能があるのでしょうか？それは、直接に言うのと間接的に言うのとでは発話内の力に強弱差があるからです。

　　你把枪放下！　「銃を下ろせ！」
　　你把枪放下了！＝　我命令［你把枪放下］了。
　　「銃を下ろせよ！」＝「私はお前に［銃を下ろせ］と命令する（ことになった）」

　上の二例は同じ命令内容 X を伝えていますが、"了"が付くことにより、その命令は新しい発話行為「私は X と命令する」を述べることを通して間接的に実現し、しかも「命令」は表面に出ていないので、自ずとその命令の力は弱まり、穏やかなニュアンスに聞こえるのです。

その他の虚詞が「言域」に入る時

　虚詞がさらに虚化することで「言域」の意味用法を派生させることは普遍的な現象です。次に、他の虚詞が「言域」に入る様子を見てみましょう。まずは重読される"就"と"才"の実例です（'X は X が重読されることを表わします）。

　　我'就不嫁。　「私は絶対に嫁がない」
　　我'就嫁他。　「私は彼にだけは嫁ぎたい」
　　我'才不嫁呢。　「私は嫁いだりなんかしない」
　　*我'才嫁他呢。　「*私は彼に嫁ぐなんかする」

　"就"は否定文と肯定文の両方に用いられます。"才"は一般に否定文のみに使われ、文末では語気詞の"呢"が呼応します。まず先に"就"と"才"が重読されない、一般的な用法を見ておきましょう。

他用功就能学好。　「彼はまじめに勉強しさえすればマスターできる」
　　　他用功才能学好。　「彼はまじめに勉強しなければマスターできない」

"就"を使う場合、"用功"「まじめに勉強する」は"学好"「マスターする」の十分条件です。つまり、勉強「しさえ」すれば「必ず」マスターできるということです。ここでの発話環境は、話し手が聞き手の期待値が大きすぎると考えていることです。他方、"才"を使う場合、"用功"「まじめに勉強する」は"学好"「マスターする」の必要条件です。つまり、まじめに勉強「してはじめて」マスター「しうる」というものです。ここでの発話環境は、話し手が聞き手の期待値が小さすぎると考えていることです。そこで、"就"と"才"の意味解釈は以下のようにまとめることができます。

　"就"は期待値より小さい低水準条件 y（十分条件）さえ満たせば、x が実現されることを表す。
　"才"は期待値より大きい高水準条件 y（必要条件）を満たしてはじめて、x が実現されることを表す。

　重読される"就"と"才"もこのような文法的意味を表わしていますが、ただ「言域」内での意味表現となることを説明したいと思います。

　　　我'就不嫁。　「私は絶対に嫁がない」
　　　低水準条件（十分条件）さえ満たせば、私は「私は嫁がない」と言う（つまり、「私は『私は嫁がない』と言う」この発話行為が実現する）。

　　　我'才不嫁呢。　「私は嫁いだりなんかしない」
　　　高水準条件（必要条件）を満たす時にだけ、私は「私は嫁がない」と言う（つまり「私は『私は嫁がない』と言う」この発話行為が実現する）。

上の例"我'就不嫁。"「私は絶対嫁がない」と言うときの典型的な低水準条件とは、以下のような場面を考えてみればわかるでしょう。たとえば、

あなたが私に"嫁人吧。"「嫁ぎなさい」と言えば、私は"我不嫁。"「私は嫁がない」と言います。あなたが私に嫁げと言う限り、私は一貫して"我不嫁。"「嫁がない」という態度をとります。"嫁人嫁人，我'就不嫁。"「嫁げ、嫁げといくら言っても、私は絶対に嫁がない」というわけです。この"就"は意固地さを意味する副詞"偏"に当たり、自分の意見を押し通すニュアンスが強調されます。一見「言っても言わなくても同じ」ように見えますが、実際はやはり「言うと言わないとでは大違い」なのです。"嫁人吧。"「嫁ぎなさい」と言われたなら、私は"不嫁"「嫁がない」と言いますよ、というわけで、この条件は確かにこれ以上無いくらい低い条件ですね。
次に下の例"我'才不嫁呢。"「私は嫁いだりなんかしない」と言うときの典型的な高水準条件は、以下のような場合を考えてみましょう。たとえば、あなたが私に"嫁人吧。"「嫁ぎなさい」と言うならば、私は本心では嫁ぎたくないと思っていても、口では"我不嫁。"「私は嫁がない」とは言いません。私にとっては「言うと言わないとは大違い」で、ことわざにも言うように、一度口から出た言葉は取り返しがつかないのです。なので、もしも"我不嫁。"「私は嫁がない」と口に出すとしたら、"我'才不嫁呢。"「私は、断固として、絶対に嫁がない」となるのです。ここでの"才"は「決然とした」態度を示し、断固としてという語気を強調します。"我不嫁。"「私は嫁がない」ということを聞き手に特に注意して聞いてほしい場合、文末の語気詞"呢"には「注意を喚起する」機能があるため、多くの場合に文中の"才"と呼応して文末に"呢"を用いることになるのです。
では、なぜ"才"はふつう否定文にだけ現われ、"就"にはそのような制限が無いのでしょうか。それは、人が否定文を言う時には必ず予めそれに対応する肯定命題を想定しているからです。たとえば、下の会話を見てください。

　　警察：把车停到这边来。　「警察：車をこちらに停めなさい」
　　司机：我没有违反交通规则呀！「運転手：私は交通違反していませんよ！」

第四講　言うか、言わないか？

　運転手が「私は交通違反していません」と言う時、彼は警察がこれに対応する一つの肯定命題、つまり「自分が交通ルールに違反した」と警察が信じていると想定しています。前述した"我'才不嫁呢."「私は嫁いだりなんかしない」と"我'就不嫁."「私は絶対に嫁がない」のニュアンスの違いは"我坚决不嫁"「私は断固として嫁がない」と"我坚持不嫁."「私は終始一貫して嫁がない態度を取る」の違いです。"我'才不嫁呢."「私は嫁いだりなんかしない」と言うとき、話し手は聞き手が肯定命題"我嫁"「我は嫁ぐ」を持っていると想定しているのです。逆に、"我'就不嫁."「私は絶対に嫁がない」と言うときは、このような想定とは直接関係がないのです。
　次に、虚詞"又"の用法のひとつを見てみましょう。

　　他又不是老虎，你怕什么？「奴は虎でもあるまいし、何を恐れているの？」
　　我又不是你儿子，你管不着！「私はあなたの息子でもあるまいし、構わないでくれ」
　　天又不会坍下来，有事我顶着！「天が崩れ落ちるわけでもあるまいし、何かあったら私が責任を取るよ」

『現代漢語八百詞』では、この種の重読する"又"は「否定を強める」語気があると述べています。この"又"の意味は一般に「重複」を表す"又"（たとえば、"他昨天来过，今天又来了"「彼は昨日来て、今日もまた来た」）と重なりますが、これは「言域」内での意味用法であることを説明します。"他又不是老虎"「彼は虎でもあるまいし」は

　　我又说，"他不是老虎"你怕什么！「もう一回言うよ、『彼は虎ではない』、何を恐れているの？」

と同じことなのです。"他不是老虎"「彼は虎ではない」は言うまでもなく成立する命題ですが、なぜ私はそれを"又说"「また言う」のでしょうか？

117

なぜなら、やはり「言うと言わないで大違い」だからです。それを言って初めて「発話内の力」と「発語後の効果」が生じるのです。言わなければ何も生じません。"他不是老虎"「彼は虎ではない」の発話内の力は「なぐさめ」であり、もう一回言うことによって、もう一回なぐさめを行なうことになります。この"又"は「言域」にある"又言"であり、"我又说"「私はもう一回言う」に等しいのです。
　次に、虚詞"还"の用法を見てみましょう。"还"を"更"と比較して、"更"は三項目の比較に使えますが、"还"は使えないとの指摘があります。たとえば、

　　长江比黄河长，比淮河就更长了。
　　「長江は黄河より長い、淮河と比べたらもっと長い」
　　*长江比黄河长，比淮河就还长了。
　　「*長江は黄河より長い、淮河と比べたらずっと長い」

しかし、"还"は「言域」に入ると三項目の比較に使えるようになります。

　　长江比淮河长，比′黄河还长呢。
　　「長江は淮河より長い、黄河よりもずっと長いよ」

　この例文中の"还"は「言域」内での用法であり、"黄河"は必ず強く読まれます。この文は単に比較を述べているのではなく、話し手が"长江比淮河长"「長江は淮河より長い」という話を述べた上で、これだけでは情報量が不足していると考えたため、更に"长江比黄河长"「長江は黄河よりも長い」という情報を補足したものです。また文末に"呢"を加えて、聞き手にこの追加情報に対する注意を喚起し、「長江が長い」という命題について十分な情報を与えています。つまり、この文は「あなたは"长江比淮河长"「長江は淮河より長い」と言ったけれど、私は"长江比黄河长"「長江は黄河よりも長い」ことを加えて言うよ」とパラフレーズできます。面白いことに、この文中の"还"は逆に"更"に置き換えることができません。

"长江比淮河长，比黄河就更长了"「長江は淮河より長い、黄河に比べるともっと長い」という言い方は論理に合いません。

次に、逆接を表す接続詞の"可是"を見てみましょう。

  a. 钱少，可是需要快跑。
   「給金は少ないが、早く走らねばならない」（一般的な逆接）
  b. 钱少，可是无需快跑呢。
   「給金は少ないが、早く走らなくてもいいよ」（言域内での逆接）

"钱少"「もらえる給金が少ない」のであれば、理屈の上では"无需快跑"「早く走らなくてもいい」はずですが、実際には"需要快跑"「早く走らなければならない」ことになれば、このつながり方はいわゆる逆接であり、a 文の"可是"は一般的な「行域」での逆接用法です。一方、b 文の"钱少"「もらえる給金が少ない」と"无需快跑"「早く走らなくてもいい」は本来ならば順接であり、逆接ではないのに、なぜここで"可是"が使えるのでしょうか？例文 b は老舎の小説『駱駝の祥子』にある実例です。これは"可是"の「言域」用法として以下のように理解すべきです。

  有人说钱少，可是我说无需快跑。
   「給金は少ないと言う人がいるが、私は早く走らなくてもよいと言う」

"可是$_言$"は、"钱少"「給金は少ない」が暗に「この仕事をしない」を意味するのと"无需快跑"「早く走らなくてもいい」が暗に「この仕事をする」を意味するのとを逆接としてつないでいます。異なる言い方で異なる言外の意を生みます。従って、この文では、「仕事をする」と「しない」の二つの発話内の力の間に逆接関係が存在しています。この種の「言域」内での逆接は下のように公式化できます。

  虽说 P，但我（不说 P）说 Q。
  P と言うが、（P と言わないで）私は Q と言う。

では次に、累加関係を表す接続詞"而且"を見てみましょう。下の二文を比べてください。

　这房价不仅中收入层买不起，而且高收入层也买不起呢。
　「この家屋の値段は中間所得層に手が届かないばかりか、高所得層も手が届かない」
　这房价不仅高收入层买不起，而且中收入层也买不起呢。
　「この家屋の値段は高所得層に手が届かないばかりか、中間所得層にも手が届かない」

多くの人は後の方の例文が論理に反しており、間違った表現だと考えます。しかし、この表現は全く間違いだとは言えません。最近の庶民生活の中では可能な言い方ですし、むしろこちらの方がぴったりの表現だとも言えます。そのわけは次のように説明できます。人は"高收入层买不起""高所得層に手が届かない"と言うが、話者は"高收入层买不起""高所得層に手が届かない"だけでなく、"中收入层买不起""中間所得層に手が届かない"と述べたいのです。なぜなら、庶民の生活という観点からすると「中間所得層に手が届かない」という事態は「高所得層に手が届かない」と言う事態よりも重要で、もっと関心を払うべきことだからです。何を強調したいかは、つまるところ何をどう言うかです。したがって、後ろの例文は重要性の異なる「言い方」の間で形成された累加関係であり、"而且"の「言域」内での用法なのです。

最後に、介詞（前置詞）"被"の新しい用法について述べてみましょう。

　被自杀、被就业、被幸福、被中产　「自殺したということにされる、就職したということにされる、幸福ということにされる、中産階級ということにされる」

これらの例が示す"被XX"という言いかたは2009年流行語ベスト10の社会生活部門で堂々トップに輝きました。XXの部分には自動詞あるいは形

容詞、場合によっては名詞さえ入れることができます。"被"のこの種の特殊用法は「無理やり…される」という意味だと言う人もいますが、それは核心をついた説明ではありません。"被房奴"や"被上网"は「住宅ローンに喘がされる」とか「ネットで公開される」のような意味にはなりますが、"被自杀"は「自殺される」という意味ではなく、「自殺したことにされる」という意味なのです。実際には自殺ではなく他殺の可能性もあり、当事者は無残に殴り殺されたのかも知れません。この種の"被XX"は「XXであると言うことにされる」という意味なのです。話し手がわざと「…であると言うことに」の部分を省略して、単にそう言われているだけのことをまるで実際にそうされたかのように思わせて、「言域」と「行域」のギャップによって強烈な修辞的効果を生み出しています。こんな"被"の用法は「言域」での意味用法が虚化しつつあることを表わしていますが、このような意味用法が固定するかどうかについては、この先しばらく観察を続けることが必要でしょう。

「言域」に入ってからの発展変化

　それでは、虚詞が「言域」に入ることによって虚詞の意味の派生が引き起こされるということを説明したいと思います。たとえば、"就"が「言域」に入ることで「たった…だけ」という意味を派生させます。

　　　我身上就三块钱。　「私の持ち金はたった３元だけだ」

　この"就"は範囲を限定する副詞"只"や"仅仅"に相当し、重読することもありますが、いつも重読するとは限りません。"就"の本来の意味は「近づく」そして「つく」であり、「つく」には「近づく」が含まれています。前に挙げた例文"用功就能学好"「まじめに勉強しさえすれば、マスターできる」の中の"就"にも「近づく」そして「つく」の意味があります。「まじめに勉強する」条件さえ満たせば「マスターできる」状態に近づき、到達することができます。研究すべき問題は、「近づく」なり「つく」なりの本義から、いったいどのようにして「たった…だけ」という意

味用法が派生したのかという問題です。これについては、まだ誰も明らかにできていないようです。

　先行研究が既に明らかにしているところでは、"就"が「たった…だけ」を表わす用法が文献に現われるのは非常に遅く、元代や明代では稀であり、清代になってようやく"只"と連用することで範囲の限定を表わす例が見られます。また多くの人が指摘するところでは、これは最初は北京方言の用法であったものが、その後徐々に標準語に浸透していったもので、用法的にも限定副詞"只"ほど自由ではなく、台湾の国語にはそもそもこの用法は無いと言われています。事実、現代中国語で限定を表わしている"就"はほぼ全て"就只"に言い換えることができます。

　　我身上就三块钱。＝我身上就只三块钱。
　　「私の持ち金はたった3元だけだ」
　　放假就呆在家里，没去别的地方。＝放假就只呆在家里，没去别的地方。
　　「休みは家にいただけで、よそには行っていない」

　このことから"就"が範囲限定を表わす用法は、頻繁に"只"と連用された結果"就只"の強い繋がりから得られた可能性が高いと分析できます。そうなると、今度は"就"はなぜ頻繁に"只"と連用されるようになったのかということが問題になります。私は"就"の「言域」用法こそがその原因であることを述べたいと思います。以下のような変遷プロセスを仮定しましょう。

　　a. 三块钱吃个饱。　「3元で満腹になる」
　　b. 只要（说）"三块钱吃个饱"就（能说）"只三块钱吃个饱"。
　　　「3元で満腹になる」と言えるのであれば、「たった3元で満腹になる」とも言える。
　　c. 就只三块钱吃个饱。　「たった3元だけでお腹いっぱいになる」
　　d. 我身上就只三块钱。　「私には3元だけしかない」
　　e. 我身上就三块钱。　「私には3元しかない」

グライスの「協調の原則」の「量の公理（maxim of quantity）」に基づいて言えば、"三块钱吃个饱"「3元で満腹になる」と言う時には"只三块钱吃个饱"「たった3元で満腹になる」という意味が隠れています。注意しなければならないのは、この隠れた意味は「会話の含意」と呼ばれ、人々が会話する時に生まれるものです。この「会話の含意」の特徴は「様式化」（conventionalized）していて、別に特殊な文脈がなくても誰でも導き出せるという点です。換言すれば、この意味が満たすべき条件は極めて少なく、"三块钱吃个饱"「3元で満腹になる」と言える条件さえ満たせば"只三块钱吃个饱"「たった3元で満腹になる」と言え、これは他ならぬb文です。b文中の"就"も「近づく」・「つく」を表わしています。ここで「近づく」のは事態ではなく、発話行為です。したがって、この"就"は「言域」にある"就_言"です。この"就"はc文の段階で直後にある"只"と繋がっていますが、まだ"就只"は1つの単位までには至っていません。c文は"就＋只三块钱吃个饱"と分析できます。d文の段階になると"就只"は分割不可能な一単位に変化しています。最後のe文では、範囲を限定する機能が"就"の一文字だけによって担われており、単独で"只"「たった…だけ」の意味を持ち始めたと言えます。

　このような意味用法の変遷過程は"就"のみに生じた特別なケースではありません。他にもたとえば程度副詞"好"にも同じような現象が見られます。"好不热闹"「とても賑やかである」の意味は"好热闹"「とても賑やかである」と同じことから、二音節副詞"好不"は単音節副詞"好"と同じように程度が高いことを表わすと説明するため、私は"好不"の形成過程を次のように論じたことがあります（訳注：沈家煊 1994）。

　　a. 好_行 ＋ 热闹
　　b. 好_言 ＋ "不蛮横"
　　c. 好不 ＋ 蛮横（"好蛮横"と同義）
　　d. 好不 ＋ 热闹（"好热闹"と併存する）

a "好热闹"「とても賑やかだ」の"好"は程度副詞としてふつうの用法

であり、「行域」で程度の高さを表わしています。下の会話のように"好"が「言域」に入るとbになります。

  甲：你怎么这么蛮横！　「お前はどうしてこんなに横暴なのだ」
  乙：我可一点不蛮横。　「俺はちっとも横暴ではない。」
  甲：你′好"不蛮横"呀！　「よくも「横暴ではない」などと言うね」

　ここでの"好"は重読され、引用を承ける副詞として、甲が乙の"不蛮横"「横暴でない」を引用しながら逆に甲に対して皮肉を言う気持ちを表わしています。注意してほしいのは、これもやはり程度の高さを表しているのですが、修飾対象は発話の言葉であり、一般的な事がらではないことです。この"好言"はふつう"讲理"「物わかりが良い」や"不蛮横"「横暴ではない」のようなプラス評価の語を修飾します。なぜならば反語によって表現する形式は、ふつう規範的な行為や希望状態の方だからです。たとえば、我々はよく"你好聪明呀""あんたは本当にお利口さんだね」と言って暗に"你真笨""お前は本当に馬鹿だ」と言う意味を伝えますし、"你好讲理呀""あなたは本当によく話の分かる人だね」という言い方は、暗に「あなたは本当に話の分からない人だね」と逆を言っています。しかし逆に"你真笨呀""あなたは本当に頭が悪いね」で"你真聪明""あなたは本当に賢い」という意味を表わせないし、"你好蛮横呀""あなたはとても横暴だね」と言って"你真讲理""あなたは本当に物分りがよい」を表わすこともできません。

　"好不"を一語に合成させた要因はもう一つあります。それは"不＋蛮横"「横暴ではない」の関係は"不＋讲理"「物分りが悪い」の関係ほど緊密ではないし、人々が話す時には「良いことは直接言うが、悪いことは婉曲に言う」という原則に従おうとすることも一因です。もし、非常に物わかりが良い人であれば、その人に向かって直接"很讲理"「とても物わかりが良い」と言いますが、"不蛮横"「横暴ではない」とは言いません。もし、非常に横暴な人間であれば、直接には"很蛮横"「とても横暴である」と言わずに、"不讲理"「物分りが悪い」と言うはずです。これを「礼節原

理」と呼んだり、「ポリアンナ公理」や「楽観原則」－「ポリアンナ」というのはポーター（訳注：Eleanor Hodgman Porte 1868-1920）の人気小説中の登場人物。楽観家で、物事をいつも良い方へと考えます－と呼ぶ人もあります。それはさておき、とにかく"不＋蛮横"「横暴ではない」とはあまり言わず、語としての緊密性には欠けているため、bのような言い方が頻繁に使用されたことを経て、"好"と"不"が次第に結合し、分割不能の"好不"が形成され、cとなります。この"好不"はもはや「言域」には属さず「行域」に逆戻りをしたわけです。その後、"好不"は他の語も修飾するようになりました。その一例が"热闹"「賑やか」で、これはdです。こうして"好不热闹"と"好热闹"が同じ意味で併存する状態が生まれました。私たちが仮定したこの変化過程は、歴史的文献資料の調査によっても支持され、袁賓氏と江藍生氏がそれぞれこれを証明されました（訳注：袁宾 1984、江蓝生 2010）。

　以上をまとめると、"就"が"只"「たった…だけ」の意味を派生したのは"就"と"只"を頻繁に連用していたことに起因し、"只"の意味が"就"に転移した後に"只"が消えました。"好不"という一語の形成も"好"と"不"の頻繁な連用に起因していると言えます。"不"はその意味が剰余的（redundant）になって姿を消してしまいました。ここで特に強調したいのは、頻繁な連用も実は"就"と"好"が「言域」に入ることによって引き起こされた現象であるということです。

　また、"不过"についても説明しておきましょう。"不过"は程度副詞でもあり、逆接の接続詞でもあります。

　　我不过说说而已。　「私はただ言っただけだ」（程度副詞）
　　他没有考上，不过他不灰心。「彼は試験に受からなかった。だが、
　　意気消沈はしていない」（逆接接続詞）

　接続詞"不过"は逆接を表わす以外にも、補足や前文の意味を修正するときに使います。問題は、「ただ…だけだ」という程度を表わす副詞"不过"はどうやって逆接の意味と用法を派生させたのかという点です。逆接を表

わす接続詞としての"不过"の出現は時期的に遅く、最も古い用例でも清末の『老残游記』、『官場現形記』、『児女英雄伝』などです。この意味派生の原因も副詞"不过"の基本的な用法にあると言うべきでしょう。副詞"不过"は物事あるいは行為の数量や範囲を限定するだけではなく、言語行為の数量や範囲を限定することもできます。たとえば、次の例は『官場現形記』のものです。

> 这回请讼师不过面子帐，用不着他替你着力。不过总得上回把堂，好遮遮人家的耳目。「今回、訟師を招いたのはただ体面上のことに過ぎず、彼があなたのために尽力する必要はない。ただ、人目をごまかすため、どうしても訴訟を法廷に持ち込み、審理の手続きを経なければならない」『官場現形記』

この文中には二つの"不过"があります。先に出る"不过"は「ただ…だけだ」という程度を表す副詞であり、"面子帐"「見せかけ」というモノを修飾しています。後の方は副詞"不过"の「言域」用法であり、"总得上回把堂，好遮遮人家的耳目"「人目をごまかすため、どうしても訴訟を法廷に持ち込み、審理の手続きを経なければならない」という文が続き、この発話を修飾しています。この例文は「今回訟師を招いたのは体面上のことに過ぎず、彼があなたのために尽力することはない。私が補足して言っておきたいのは"总得上回把堂，好遮遮人家的耳目"『人目をごまかすため、どうしても訴訟を法廷に持ち込み、審理の手続きを経なければならない』ということだけである。」というわけです。話し手はなぜP文を言った後、Qという一文だけを補足したのでしょうか？それは話し手が、聞き手は「Qではない」と信じている可能性が高いと考えているからです。かくして"只是"は逆接の意味と用法を得たのです。"不过"の機能が物事の範囲限定から発話の範囲限定まで変化し、これに伴って品詞も副詞から接続詞へ変化させました。このような変化は虚詞の更なる虚化という一般的な傾向と一致しています。同じような変化は英語の only でも見られます。

He is *only* a child.
"他还不过是个孩子"「彼はただの子供に過ぎない」
I should like to go, *only that* I'm not feeling well.
"我想去，不过我不太舒服。"「私は行きたいが、体調が悪い」

終わりに——「話す」の論理を研究する

　言語学は何を研究するのでしょうか。もちろん言語を研究します。その「言語」は「話し」を指すと同時に「話す」こと自体を指すこともあります。言語研究は話す言葉を研究するだけでなく、話すことも研究対象となります。言うか、それとも言わないか。今言うのか、それとも後で言うのか。こう言うのか、それともああ言うのか。直接的に言うのか、それとも間接的に言うのか。つまるところ、言うと言わないとでは大違いなのです。言って初めて発話内の力が生まれてきます。言わなければ発話内の力を持ちません。また、異なる話し方には異なる発話内の力があります。「話すこと」の研究は「話し」の研究と同じように有意義です。「話し」の研究には「話す」ことそれ自体の研究が不可欠であるように、「話す」ことの研究から「話し方」の研究を切り離すことはできません。

　中国語で"他不会说话"という文には二つの意味があります。"这个婴儿还不会说话。"「この赤ちゃんはまだ話せない」はその一つで、英語にすると He cannot *speak* yet となります。"这位老兄真不会说话"「この人は本当に話が下手だ」はもう一つの意味で、英語にすると He cannot *express* himself となります。中国人にとっては、前者の能力を持っていないのも"不会说话"であり、後者の能力を持っていないのも同じく"不会说话"です。この二つの能力は、はっきりと分けることができません。中国人は特に「言う」と「言わない」の区別を非常に重視するようです。"你到底说没说过"「あなたは結局言ったのか言わなかったのか」について熱い議論をします。しかし、「言うか言わないか」の問題に対して掘り下げて論述し、言語研究に大いに影響を与えたのは、中国人ではなく、オースティンとグライスでした。この話をすると本題から外れてゆきますので、この辺で留めておきましょう。

ここまで私は"寒暄"「時候の挨拶」から"再見了"「さよならね」の"了"、更にその他の虚詞の用法を述べてきました。今日のお話の目的は、これらの語句の「言域」での用法を整理して強調し、言語表現は論理とは違うものであるが論理に反するものではないことを説明し、虚詞の用法と意味派生の分析に新しい視点を提供することでした。

　皆さん、日本語と中国語には一つの共通点がありますね。それは話し手の心的態度、すなわちムードを表現する成分が非常に豊富であるということです。私見では、およそムードを表わす成分は「言域」と何らかの関係があります。この角度から、日本と中国の学者が意味と意味変遷に関する研究を前進させていくことを切に願っています。

　最後にシェイクスピアの『ハムレット』の名言を文字って「言うか言わないか、それが問題だ」、そして「こう言うか、それともああ言うか、それが問題だ」と申し上げて、講演の終わりと致します。

　ご清聴ありがとうございました。

参考書目

　オースティンの言語行為理論についてはAustin, J. L.（1962）；グライスの会話「協調原則」についてはGrice, H. P.（1975）；語義と語義変化の三領域理論についてはSweetser, Eve（1990）；"寒暄"等の語が発話から発話行為に転ずる問題については李明（2004）；"了"の「言域」用法については肖治野、沈家煊（2009）；その他の虚詞の「言域」用法については沈家煊（2001a）、（2003a）、（2004 c）、（2009d）、（2010f）；"就"と"只"の連用については許娟（2003）；"好不"が形成される歴史的考察は袁賓（1984）；近代漢語における"好不"の考察は江藍生（2010）をそれぞれ参照されたい。

講演記録

　2011年1月26日、大東文化大学中国語学科での講演。

第五講 「文法メタファー」と「メタファー文法」

　まず、今日の講演の機会を与えてくださった俞士汶教授にお礼を申し上げます。聴衆の皆さまの多くはコンピュータ言語学の専門家ですが、私はこの分野の門外漢ですので、今日のお話によって新しいものの見方をご提供できれば嬉しく思います。

　さて、この「文法メタファーとメタファー文法」という表題はまるで言葉遊びのように思われるかも知れませんが、先ずは「メタファー（隠喩）」についての新しい考え方からお話ししたいと思います。下の一句をご覧ください（訳注：劉禹錫『酬樂天揚州初逢席上見贈』より）。

　　沉舟側畔千帆过
　　「沈舟の側畔　千帆過ぐ（沈んだ小舟のそばを多くの帆船が行き過ぎる）」

　この句では、二つのメタファーが使われています。もう少し正確に言えば、この句にはメタファー（metaphor 隠喩）とメトニミー（metonymy 換喩）が一つずつ使われています。

　　メタファー：
　　　　"沉舟"「沈んだ小舟」で「古いもの」、"千帆"「たくさんの帆船」で「新しいもの」を指す
　　メトニミー：「帆」（部分）で「船」（全体）を指す

　メタファーとメトニミーの共通点は共に概念を形成するための手段であって、どちらも普通は意識されない点にあります。一方、両者の相違点は、メタファーは二つの似た概念（類似性　similarity）の間にある「写像 mapping」（"沉舟"と"千帆"の関係が古いものと新しいものとの関係に似ている）であるのに対し、メトニミーは二つの関連した概念（隣接性 contiguity）の間での「ずれ」（「帆」と「船」は部分と全体の関係にあり、

129

部分で全体を指している）である点です。また、メタファーは主として理解のための言語手段ですが、メトニミーは主に代替のための言語手段であると言えます。メタファーの元概念は具体的（"沉舟"と"千帆"はイメージが具体的）ですが、メトニミーの元概念は顕著性が高いものです。「帆」は「帆船」の中で最もよく目立つ部分です。遠くから海を眺めた時に一番よく見えるのは帆ですね。

　レイコフ(George Lakoff)とジョンソン(Mark Johnson)の見方によれば、人間の言語能力は一般的な認知能力に依っており、言語能力と一般的な認知能力との間には本質的な違いはなく、言語能力の発展は一般の認知能力の発展と非常に密接な関係があるとされます。メタファーとメトニミーは特殊な言語現象とみなされ、レトリックと呼ばれてきましたが、レイコフとジョンソンによれば、これらは単なる修辞的な言語表現であるだけでなく、人間にとって一般的な認知方式であると同時に行動方式でもあり、人間の概念と概念構造はかなりの程度メタファー的性質を備えていると考えられます。たとえば、中国語にも英語と同様「議論は戦争である（ARGUMENT IS WAR)」というメタファーがあり、次のような語句がその証拠です。

　　　论战「論戦」　　　争论「論争」　　　辩护「弁護」　　　论敌「論敵」
　　　抨击「論撃」　　　打笔仗「ペンで論争する」　　　理论战线「理論戦線」
　　　唇枪舌剑「舌端火を吐く」　　　舌战群儒「多くの儒者と舌戦する」
　　　入室操戈「人の主張を利用して反撃する」　　　大张挞伐「大征伐する」
　　　人身攻击「人身攻撃」　　　批评的武器「批判の武器」

　これらの語句からも明らかなように、私たちは単に戦争という語を用いて議論のことを論じるだけではなく、実際に議論をする中でも、勝ち負けや攻守を分け、議論の相手を敵とみなすなど、議論という行為のほぼ全てが戦争という概念の支配を受けています。もしも議論が戦争ではなく社交ダンスを踊るようなもので、議論は相手を打ち負かすためにあるのではなく調和を図るためにある…というような文化があるとすれば、その文化における議論に関する表現はきっと私たちの文化におけるそれとは大いに異

なるはずです。このように考えれば、ふつう特殊な言語現象であると考えられがちなメタファーは、単なる言語行為だけではなく、実は一般的な日常行為でもあり、一般的な認識能力の支配を受けているものなのです。このようなメタファーに関する新しい見かたは、上述のレイコフとジョンソンが『レトリックと人生』という著作の中で提唱したものです。私がちょうどこの本を読んだ時期はスウェーデンのヨーテボリ大学を訪問中でしたが、図書館でこの本を借りるためには長い順番待ちをせねばなりませんでした。私がこの本を持っているのを見かけると、私に親指を立てて見せ、この本の素晴らしさを褒める人もいたくらいです。

　メトニミーも同じことです。たとえば、退職して久しぶりに元の勤務先に戻ってみると「新顔ばかりだ」と言って、"新顔" "新面孔"という身体の一部分を指す語で「見慣れない新人」のこと全体を指したりします。これは言語の表現レベルだけの問題ではなく、人を認識する時に私たちはふつう顔を見て識別すること、他の身体部分を見て識別する習慣がないことが支えになっています。また、たとえば私に赤ちゃんが生まれたとして、写真を見せてほしいと言われた時に、赤ちゃんの顔が写っている写真を見せれば誰もが満足するでしょうが、足の写真を見せたりしたら、誰も満足しないどころか、みんな不思議に思うことでしょう。

　さらに例を見てみましょう。私たちはコミュニケーションにおける情報や感情の伝達を「容器のメタファー」と「伝達のメタファー」を用いて表現します。言語は情報や感情を載せる容器であり、会話のプロセスは物を伝達するプロセスとして、この二つのメタファーが有機的に結合して、下のような表現を形作っています。

　　　这篇文章**包含**许多新观点
　　　　「この文章には多くの新しい見方が**含まれて**いる」
　　　这句话的**含**义很深　「この言葉は深い意味を**含んで**いる」
　　　字里行**间**充满了感情　「行**間**に気持ちが**こもって**いる」
　　　我托他**转**给你这个消息
　　　　「このニュースを君に**伝える**ように彼にお願いした」

美国政府向中国领导人**传递**了一个信息
　「アメリカ政府は中国首脳にメッセージを**伝えた**」
满纸荒唐言，谁解其中味
　「紙に書いてあること**すべて**でたらめ、誰がその意味をわかるだろうか」
不要断章**取**义　「一部分だけから意味を**取って**はいけない」
提取这一段的中心思想　「この段落の主旨を**汲み取る**」

中国語では言葉による情報のやりとりも事物のやりとりと同じ二重目的語の構文を使って表現します。

他送给我一件毛衣「彼は私にセーターを贈ってくれた」
【モノのやりとり】
他告诉我一个消息「彼は私にニュースを教えてくれた」
【情報のやりとり】
他请教我一个问题「彼は私にある問題を聞いてきた」
【情報のやりとり】

　言語学が科学であるとするならば、メタファーを用いて言語構造を説明するのは筋違いではないかと訝しむ人がいます。ところが、実は科学もメタファーとは無関係ではないのです。たとえば、物理学者が作った原子構造の模型では、電子が原子核の周りを回っていますが、これは「原子は（小型の）太陽系である」というメタファーを借りて、原子核は太陽で、電子は軌道に沿って運行する惑星と見なしているのです。同様に、私たちの言語理論もメタファーとは無関係ではありません。たとえば、複合語の構造について二つのメタファーが使われます。一つは「部品」メタファーによるもので、部品を組み立てて全体ができているように、複合語の意味も構成要素の意味を足したものに等しいとするものです。もう一つは「足場」メタファーによるもので、構成要素はただの足場に過ぎず、建て物が建ちあがれば足場が撤去されるように、複合語全体の意味も構成要素の意味の総和よりも大きなものとなると捉えられます。カテゴリーの家族的類似性

(family resemblance)という見かたも一種のメタファーで、多義語の持つ複数の意味は一種の家族的類似の関係にあり、ある意味項目から他の意味項目への派生はメトニミーを介して行われると考えられます。たとえば、下の例を見てください。

　　健康的身体　「健康な体」
　　健康的皮肤　「健康（的）な素肌」
　　健康的运动　「健全なスポーツ」

　"健康"という語の中核的な意味用法は身体を修飾することにありますが、身体が健康である結果として健康的な素肌があり、健全なスポーツがその成因でもあります。他にも、構造主義でいう「分布」や「直接成分」などの概念も空間関係のメタファーを借りたものですし、動詞の結合価理論は化学の分子構造を写像しているのは明らかです。私たちはこれらのメタファー的概念を使わずに言語の構造を議論することなど想像もできません。
　しかしながら、メタファー的な専門用語を使うことに反対している科学者も確かにたくさんいます。たとえば、コンピュータ学者はウインドウ (window)、デスクトップ (desktop) やウイルス (virus) などの名称が事実を隠し、大衆をミスリーディングしているという理由で、これらの名称を使うことに反対している人もいます。しかし、これはメタファーが「解釈性メタファー」と「構成性メタファー」の二種類に分けられることを示しているに過ぎません。いわゆる「解釈性メタファー」とは、メタファーが抽象的な概念を形作るための手段となるものを指しており、私たちが抽象的な概念を理解する時の助けとなるものです。「構成性メタファー」の方は、メタファー自身が抽象的概念を形作ることを指しており、このようなメタファー無しにその抽象概念は存在しません。コンピュータの専門家にとって上記のメタファーはただの解釈性メタファーに過ぎないかも知れませんが、一般のコンピュータ・ユーザーにとっては、これらのメタファーを離れてしまうとコンピュータがどのように動いているかなど理解できないの

で、これは構成性のメタファーでもあるということになります。

　言語学者の多くは、無意識のうちに「会話は伝達である」というメタファーに縛られてしまい、言語によるコミュニケーションを「コード化→伝達→脱コード化」という過程で捉えがちです。しかし、言語によるコミュニケーションが本当にこのような過程であるかどうかは断定できません。D. スペルベル (Dan Sperber) と D. ウィルソン (Deirdre WILSON) の共著『関連性理論』では言語によるコミュニケーションの本質はこんな過程ではないと見ていますし、Chomsky にとって「人の脳はコンピュータである」ことは、いわば構成性のメタファーになっています。彼はコンピュータが異なるモジュールから構成されているように、人の脳も同様に異なるモジュールから成っていると考えています。言語は独立した一つのモジュールで、このモジュールは更にまた文法・意味・音声という三つのモジュールで構成されていると言っています。しかし、人間の認知構造が本当にそうかどうかは、少なくとも疑ってみてよいでしょう。

　メタファーが一般的な認知方式であり思考方式でもある以上、文法レベルのメタファーもあって然るべきでしょう。文法上のメタファーがまさしく「文法メタファー」です。まず英語の例として、助動詞の may を見てみます。

　　May I ask a question?　「質問してもよろしいですか？」【許可】
　　He *may* be a spy.　「彼はスパイかも知れない」【推量】

前の例文で may は「許可」を表し、後の例文では「推量」を表しています。「許可」が「推量」に転じるのも概念メタファーです。この二つの概念の間には「抵抗を克服する」という共通性があります。

　　許可：相手がある行為を行う上での抵抗が克服される　「…してもよい」
　　推量：話し手がある結論を出す抵抗が克服される　「…かも知れない」

　ある行為を阻害するものを克服するということは具体的ですが、ある結

論を出す上での抵抗を克服するというのはかなり抽象的なので、許可によって推量をメタファー化するのです。

次に、接続詞の since を見てみましょう。時間表現によって原因を表わすのは概念のメトニミーです。

 a. I have read a lot *since* we last met.
 【時間】「前に会ってからたくさん読んだ」
 b. *Since* Susan left him, John has been very miserable.
 【時間】「スーザンが彼を残して行ってから、ジョンはとても悲しんでいる」
 【原因】「スーザンが彼を残した行ったから、ジョンはとても悲しんでいる」
 c. *Since* you are not coming with me, I'll have to go alone.
 【原因】「あなたが私と行ってくれないから、私一人で行かねばならない」

例文 b における since はコンテクストの助けによって「前に起きた事柄が、後に起きる事柄の原因となる」という含意を得ます。こうして、時間的に先に起きた事が後に起こる事の原因へと転じるのです。これこそが「文法メタファー」です。

しかし、メタファーが一般的な認知方式あるいは思考方式であり、文法上にもその現われがあると述べるだけでは十分ではなく、今日はさらに一歩踏み込んで、人間が頭の中で考える概念、そして概念構造が本質においてメタファーの性質を持っているため、それによって文法と文法システムもかなりの程度メタファー的な性質を持っているということを述べたいと思います。これこそが「メタファー文法」なのです。

それでは、次に「メタファー文法」の研究において、どのような進展があったかについてお話ししたいと思います。

事物域・動作域・性状域の間の写像

先に述べたように、メタファーとは具体的な概念域から抽象的な概念域への写像で、二つの概念の間には類似性が認められます。私が論じようと思う第一の問題は「有界」と「無界」というペアの概念がどのように具体

から抽象まで写像されるかです。この一対の概念は人類の認知活動の中で最も基本的な概念の一つで、人間はまず自分の身体体験にもとづいて有界の事物を認識します。呼吸、食事、排泄などの機能は、身体が容器であり、境界の内部と外部に違いがあることを教えてくれます。無界の事物の内部は同質ですが、有界の事物の内部は異質です。たとえば、水は無界の物体なので、どんなに分割してみても、分割されたどの部分もやはり水です。逆に、机は有界の物体で、様々な部分から成り立っているので、机を分割した結果はもはや机ではなくなります。このような認知は人間が経験することの一部分ですが、人間はまた有界対無界という対立によって外界を認識し、外界を変えようとします。ここで注意しておきたいのは、人間の認知と客観世界は完全に一致するとは限らないことです。たとえば、地面にできた穴は周囲の四面全てが境界面であるという訳ではありませんが、我々は依然として「一つの穴」や「穴の中」などと言って、穴を有界の物体と「見なして」います。角や隅というモノにも明らかな境界線はなく、曖昧な境目しかありませんが、それにもかかわらず「一つの角」だとか「その隅のところ」のように言って、壁の角を有界であると「見なして」います。

　人間の言語能力が一般的な認知能力の一部分である以上、認知における「有界」と「無界」の対立も言語構造に反映するはずです。特に、名詞・動詞・形容詞という三つの大きな実詞において、その反映を見ることができます。事物には空間において「有界」と「無界」の対立があり、動作には時間において「有界」と「無界」の対立があり、性質と状態にも程度あるいは量において「有界」と「無界」の対立があります。

　まず、事物の表現（名詞）における「有界」と「無界」の対立が文法にどう反映するかを見てみましょう。英語でapple（りんご）は有界の物体を表わす可算名詞です。この名詞には不定冠詞（an apple）と数詞（one apple, every apple）を前置することができ、複数形（apples）にすることもできます。しかし、waterは無界の物体を表わす不可算名詞なので、不定冠詞（*a water）と数詞（*one water, *every water）を付けることはできず、複数形（*waters）にすることもできません。中国語の名詞には英語のような「数」の区分はありませんが、量詞による区別があります。

第五講　「文法メタファー」と「メタファー文法」

　"苹果"「りんご」は"书、笔、马"「本・筆・馬」と同じようにそれぞれ個体量詞を使って"一只苹果、一本书、一支笔、一匹马"「一個のりんご、一冊の本、一本の筆、一匹の馬」と言えます。"水"「水」は"面粉、氧气、油"「小麦粉、酸素、油」と同じように専用の個体量詞はありませんが、臨時量詞、不定量詞や度量詞を用いれば"一桶水、一斤油、一些氧气"「バケツ一杯の水、500mlの油、少しの酸素」のように言うことができます。角度を変えて言えば、およそ数量詞の修飾を受ける名詞は、"两条鱼、四桶水、好些人"「二匹の魚、バケツ四杯の水、たくさんの人」のように、有界の名詞で、その指示対象は個体です。しかし、"抽烟"「喫煙」の"烟"、"乘车"「乗車」の"车"、"喝水"「水を飲む」の"水"のような裸名詞は特定の個体事物を指示していないため、これらは無界の名詞だということになります。

　さらに、動作の表現（動詞）における「有界」と「無界」の対立を見てみると、英語でeat「食べる」は有界動作の代表ですが、これは非状態動詞で、John is eating. のような進行形があるが、resemble「似ている」を代表とする無界の動作は状態動詞で、*John is resembling his father. のような進行形はありません。中国語の動詞にも同様の違いがあり、非状態動詞には"着"を付けたり、重ね型にして"吃着"「食べている」、"吃吃"「食べてみる」、"跳着"「跳んでいる」、"跳跳"「跳んでみる」のように言えますが、状態動詞には一般的に"着"をつけることはできず、重ね型もないので、"*爱着、*爱爱"や"*姓着、*姓姓"のように言うことはできません。別の角度から見ると、有界の動作は時間軸上に動作行為の起点と終点を持っています。たとえば"(把鱼)盛碗里"「(魚を)どんぶりに盛りつける」という動作では、「盛り」始めるのが動作の起点で、魚が皿の上に乗るのが動作の終点です。一方、"盛(鱼)"「(魚を)盛る」では、動作行為の終点がないため、無界の動作であると捉えられます。

　最後に、性質と状態の表現（形容詞）における「有界」と「無界」の対立を見てみると、中国語ではこの対立が最も顕著に表われており、形容詞は描写語と属性語に分けることができます。属性語（性質形容詞）が表わす性質や状態は無界で、たとえば"白"「白い」はあらゆる白色の総称であり、それが表わす白さの程度や幅は不定です。ところが、描写語（状態形容詞）

が表わす性質や状態は有界で、たとえば"雪白""真っ白な"は白さの中のある一点を指しています。

　事物は最も具体的であり、動作はやや抽象的で、性質と状態は最も抽象的ですが、「有界」と「無界」の対立は具体から抽象へとメタファー的に写像されます。三つの概念領域を貫く「有界」対「無界」の対立は、多くの文法現象を解釈することができます。下の左右の例を比較してみてください。

　　＊盛碗里鱼　　　　盛碗里两条鱼　　「二匹の魚をどんぶりに盛る」
　　＊飞进来苍蝇　　　飞进来一只苍蝇　「一匹の蝿が飛んでくる」
　　＊捂了孩子痱子　　捂了孩子一身痱子「子どもの身体中にあせもができる」
　　＊雪白衣服　　　　雪白一件衣服　　「真っ白な一着の服」
　　＊干干净净衣服　　干干净净一件衣服「汚れひとつない一着の服」
　　＊白一件衣服　　　白衣服　　　　　「白い服」
　　＊干净一件衣服　　干净衣服　　　　「きれいな服」

　各ペアで左側の例は全て成立しませんが、それは「有界」と「無界」のミスマッチがあるからなのです。たとえば、有界の動作"盛碗里"「どんぶりに盛る」と無界の物体"鱼"「魚」はミスマッチです。有界の性質"雪白"「真っ白」と無界の物体"衣服"「服」はミスマッチですし、無界の性質"白"「白」は有界の物体"一件衣服"「一着の服」もミスマッチです。他方、各ペアの右側に挙げた例はいずれも「有界」の動作・状態と「有界」の物体がマッチしているので全て文法的に成立します。これは「メタファー文法」が品詞の境界を越え、異品詞間に存在する並行現象に対して一貫した説明を加えられるという実例の一つです。

行域・知域・言域の間の写像

　文法において「行域、知域、言域」の三領域を最もうまく説明できるのは助動詞です。"能"を例に見てみましょう。

　　(1) 小王能说法语。【行域】「王くんはフランス語が話せる」

(2) 我能骗你吗？【知域】「私があなたを騙すと思いますか？」
(3) 小王，能把笔记借我一阅！【言域】「王くん、ノートちょっと貸して見せてよ」

（1）は王くんにはフランス語を話す能力があることを述べており、能力は行為と直接関係しますから、この"能₁"は「行域」に属しています。（2）は話し手が聞き手を騙す能力を持っているかどうかを聞いているのではなく、話し手があなたを騙す可能性があると思っているかどうかを聞いており、知識に基づいて行為の可能性についての判断をするものですから、この"能₂"は「知域」に属しています。（3）は聞き手がノートを貸す能力があるかどうかとか、私にノートを貸す可能性があるかどうかを判断させているのではありません。この例文は、聞き手に対してノートを貸してほしいとお願いしているのであって、この"能"は"请"に替えることができます。この"能₃"の機能は、この言葉がお願いという「言語行為」を表わしていることを示しており、「言域」に属しています。語ること自身が一種の行為であるというのは、命令文を言うことが「言葉」によって命令やお願いを行うことであり、言域の「言」とは正にこの意味における言語行為にあることを指しています。

助動詞のほかにも、この三領域で働く動詞があります。"保证""保証する"を例に挙げると、

(4) 他向我保证三周内完成任务。【行域】
「彼は三週間以内に任務をやり遂げることを私に保証した」
(5) 我保证他已经完成任务。【知域】
「彼はもう任務をやり遂げたと保証する」
(6) （你必须三周内完成任务！）好，我保证。【言域】
「（必ず三週間以内に任務をやり遂げなさい！）了解しました、保証します」

（4）の"保证₁"は「何事かを成し遂げることを保証する」という意味で、

行動を保証するものですから、行域に属しています。(5)の"保証$_2$"は「…であることを肯定する」という意味で、話し手が知識に基づいて「彼が任務をやり遂げた」ことが真であることを保証するものですから、知域に属しています。(6)の「私は保証する」と言う言葉をいったん口に出したその瞬間に「保証する（請け負う）」という言語行為をしたことを意味しますから、この"保証"は言域に属するものです。

語句の「行域」での意味用法が基本で、「知域」と「言域」での意味用法は基本の意味用法からメタファーを通じて派生します。この三つの概念領域の写像を用いることで、これまで解釈しにくかった文法や意味の現象、特に複文の意味関係をうまく解釈することができるようになります。

(7) 如果明天下雨，比赛就取消。【行域】
　　「もし明日雨が降ったら、試合は中止だ」
(8) 如果比赛取消了，昨天就下雨来着。【知域】
　　「もし試合が中止になっていたのならば、昨日は雨が降ってたのだろう」
(9) 如果比赛真的取消，太阳就从西边出来了。【言域】
　　「もし試合が中止になるようなことがあれば、太陽は西から登るだろう」

"如果P就Q"における条件関係は三つの領域それぞれで、下のように表わせます。

　　行域：Pの発生はQが発生する十分条件である。
　　　　　（もしPならば、Qである）
　　知域：Pを知っていることは、結論Qを結論付ける十分条件である。
　　　　　（もしPを知っているならば、私はQと推定する）
　　言域：状態Pは私がQと言うことの十分条件である。
　　　　　（もしPならば、私はQと言う）

(9) によく似た用法の例として"如果你做不到，我就不姓沈。""もし君にできなければ、私は苗字を変えてもいいよ"とか"如果你是老虎，我就

是武松。"「君がもし虎だというのならば、私は（虎を退治する）武松だ」などがあります。以前はこれらの複文の前後の節の意味関係がうまく解釈できませんでしたが、現在ならば「言域」における"如果Ｐ就Ｑ""もし〜ならば・・・"の用法として、Ｐは「話し手がＱであると言う」ことの十分条件であると説明することができます。

　次のような譲歩を表わす複文も「言域」での用法として理解せねばなりません。

　　（10）他虽然日夜操劳，但是影响了嗓子。
　　　　「彼は日夜を問わず一生懸命に働いたが、喉を悪くした」
　　（11）虽然他是中国人，但是他的头发是黑的。
　　　　「彼は中国人だが、髪は黒い」
　　（12）虽然刮风了，但是下雨了。　「風は吹いたが、雨が降った」

　ふつうこれら三つの例文は"虽然〜但是・・・"「〜とはいえ…だ」の使い間違いと考えられます。（10）と（11）は因果関係を表わす"因为〜所以・・・"「〜なので…だ」を使うべきで、（12）には意味的に譲歩の関係がないと言うわけです。しかし、そのような見方は「行域」でのことだけを考えているからであって、これらの例文を「言域」に置いて見れば何の問題もありません。（10）は「彼は日夜を問わず一生懸命に働いた（とは言う）が、喉を悪くした（ではないか）」という場面を想像すれば、発話の力のレベルで見るならばＰで褒めたものをＱで責める関係になっており、これは立派な譲歩関係なのです。（11）も、たとえば髪が黒くない中国人俳優を探している映画監督がいるとして、その監督の発言で「彼は中国人だ（から雇用したい）が、髪は黒い（から雇用できない）」という関係を想定できます。（12）も雨の降らない風の日に映画撮影を望んでいたような場面で「風は吹いた（から映画を撮れる）が、雨が降った（から撮影中止だ）」という譲歩関係が成立します。

　また、「知域」において理解される複文もあります。下の二文を比較してください。

(13) 虽然他父亲是研究科学的，他却读了文科。
　　　　「彼の父親は科学を研究しているが、彼は文系を学んだ」
　　(13') ＊虽然他读了文科，他父亲却是研究科学的。
　　　　「彼は文系を学んだが、彼の父親は科学を研究している」

　一般的に子が父親の職業を受け継ぐのは至って普通のことであるのに対し、父親が子の職業を受け継ぐのは理屈に合わないため、(13)は成立するが、(13')は成立しないと考えられます。しかし、これも「行域」の中においてだけ問題を考えているからで、もし「知域」での用法を考えれば(13')も成立するのです。たとえば「彼は文系だが、彼の父親は科学を研究している（と私は推量する）」というわけです。
　以上の例は、「メタファー文法」を用いることで、いくつかのよく似た文法現象の間にある違いと関係性を統一的に解釈できる実例でした。

"在"領域と"給"領域の間での写像

　中国語では、"在"の概念と"給"の概念の間にも類似性があり、写像が生じています。下の例文が示すように、両者を用いた構文には並行性が見られます。左側は"在"構文、右側は"給"構文です。

　　a. 我 在院子里 种了 几棵花儿　　　我 给张老师 写了 一封信
　　b. 在院子里 我 种了 几棵花儿　　　给张老师 我 写了 一封信
　　c. 我 种了 几棵花儿 在院子里　　　我 写了 一封信 给张老师
　　d. 我 种在院子里 几棵花儿　　　　我 写给张老师 一封信
　　　「私は庭に／で数本の花を植えた」　「私は張先生に一通の手紙を書いて送った」

　これまではもっぱら縦の関係に注目して、a・b・c・d四つの文型をめぐって、それぞれどんな関係にあるのか、ある文型がどのように他の文型に転換するかなどを問題として、主に動詞を下位分類することで、どんな動詞が文型を転換するか、どんな動詞が文型を転換しないかなどについて研究

を行なってきました。しかし、このような研究方法では横の関係、つまり左右の構文間の関係が完全に無視されています。左側と右側は並行しており、写像関係があるのに、動詞の分類プラス文型の転換という従来の視点では説明のしようがありません。私たちは、それぞれが構文として持っている意味を先ず抉り出します。

- a. ある場所である動作をする　　　　ある受け手に向けて移送行為を行なう
- b. ある場所である事態が発生する　　ある受け手に向けて移送事態が発生する
- c. ある物体が動作によってある場所に移動するが、到達しているとは限らない　　移送されるが、到着しているとは限らない
- d. ある物体が動作によってある場所に移動し、到達している　　ある物体が移送によってある場所に移送され、到着している

これら構文としての意味が形成されるのは、心理学的にゲシュタルトが形成される原理と同じで、四つの原則によって、縦のa・b・c・d間の異同のみならず、横の左右の構文の並行性についても説明することができます。

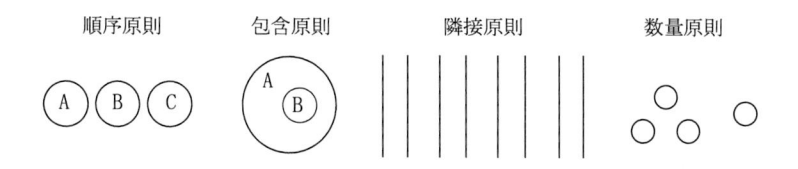

順序原則　　包含原則　　隣接原則　　数量原則

「順序原則」に従えば、もしBがAの後ろにあり、CがBの後ろにあるとすると、三者はA・B・Cの順に並ぶもので、その順序は決まっています。これは空間の領域における順序ですが、時間領域や他の概念領域においても順序があります。たとえば、私がこの絵を描いた時、先ずAを描き、次にBを描き、最後にCを描きましたね。

次に、「包含原則」に従えば、もしもBがAの内部に含まれておれば、AはBの内部に含まれることはありません。たとえば、宝石箱がドレッサーの中にあるとすれば、ドレッサーは宝石箱の中に存在することはありません。

「隣接原則」に従えば、近い距離関係にある二つの成分は一つのユニットとして捉えられやすくなります。たとえば、上の図は4組の平行線が並んでいるように見え、8本の線が平行しているようには見えません。具体的な距離がそうであるように、抽象的な距離関係も同様です。王君にとって、お母さんとの関係は会社の同僚との関係よりも近いはずです。
　「数量原則」については贅言を要しませんね。数量の多少を認識するのは、人間の基本的な認知能力の一つです。3つのリンゴが1つのリンゴよりも「多い」のは、それを持つときにより「多い」エネルギーを要し、それを食べるときにもより「多い」時間がかかり、それを見る時にも網膜でより「多い」神経細胞を刺激するからです。道理で、英語で1つのリンゴはappleで、3つのリンゴはapplesと綴りも多くなるはずです。
　では、これらの原則がどのように構文の意味形成に働きかけるかを見てみましょう。まずは順序原則ですが、"給X"が動詞の前にある時（aとbの場合です）、Xは動作の前に予定している目標を表わし、動詞の後ろにある時（cとdの場合です）、Xは動作の後に到着した終点を表わします。順序原則に従えば、目標というものは常に行動を起こす前に設定されるものであり、当然ながら動詞の前に位置します。終点は動作を行った後に到着するものですから、当然、動詞の後ろに位置します。ここで注意すべきことは、"在X"と動詞の位置関係においても同様の解釈ができることです。ある動作や事態が発生する場所は動作の前から存在するので"在X"を動詞の前に置き、動作の結果として到達する場所は動作の後に、つまり動詞の後ろに"在X"を置くことになります。
　次に包含原則ですが、例文a "我给张老师写了一封信"「私は張先生に手紙を書いて送った」は自然ですが、例文b "给张老师我写了一封信"「張先生には、私は手紙を書いて送った」の場合、文頭の"张老师"「張先生」にはストレスを置いて強く読まねばなりません。それは何故でしょうか？この二つの文の違いは、aの"给张老师"「張先生に」は"写了一封信"「手紙を書いた」を含むだけですが、bの"给张老师"が含むものは"我写了一封信"「私は手紙を書いた」になります。「私は手紙を書いた」は一つのイベント（事態）ですが、「手紙を書いた」は単なる動作です。私たちは

第五講 「文法メタファー」と「メタファー文法」

ふつう、ある予期された目標に向けてある動作を行なうとは言いますが、ある予期された目標に向けて事態が発生するとは言いません。その予期された目標が他の目標とのコントラストを受けて強調（すなわち重読）された時に初めて「私は手紙を書いた」が「ある動作を行なった」こととして理解されるのです。これに対応する"在"構文の例では、"我在院子里种了几颗花儿"「私は庭で数本の花を植えた」と"在院子里我种了几颗花儿"「庭で私は数本の花を植えた」はどちらも自然な文ですが、それは両者の構文としての意味が「ある場所である動作を行う」と「ある場所である事態が発生する」というふうに、どちらも自然に受け入れられるからです。

　続いて、隣接原則を見てみましょう。"在"構文と"给"構文の並行性は、dにおいて"了"が入る位置にも見られます。"了"はcでは動詞の直後に置くことができますが、dでは動詞の直後には入ることができず、"种在"や"写给"の後に置くしかありません。

　　c. 我种了几棵花儿在院子里　　　　我写了一封信给张老师
　　d. *我种了在院子里几棵花儿　　　　*我写了给张老师好几封信
　　　 我种在了院子里几棵花儿　　　　我写给了张老师好几封信

cとdの構文としての意味は「ある物体が動作によってある場所に移動する」ことですが、cとdの違いは、cでは動作と到達が分かれており、dでは動作と到達が一体化していることです。隣接原則によってこれを解釈すれば、動詞と"在、给"が離れているcでは動作と結果が分離しており、動詞と"在、给"が合体しているdでは動作と結果も一体化しているということです。これは、次のような文を比較すればわかります。

　　c. 他写一封信给我，让我转交给你。
　　　「彼は手紙を一通書いて、あなたに手渡してほしいと言った」
　　d. *他写给我一封信，让我转交给你。
　　　「*彼は手紙を一通書いて送って、あなたに手渡してほしいと言った」

145

cでは"写"と"给"が文中で離れていて、手紙の到着は含意されていないので、それを「手渡す」こともできます。しかし、dでは両者が"写给"と結合していて手紙はもう相手のところに到着しているので、もはや手紙を「手渡す」ことはできません。動作と到着結果が一体化している"种在"と"写给"は、それぞれ一体化して複合動詞となっており、"了"もその後ろに置くしかないのです。
　最後に数量原則を見てみます。"在"構文と"给"構文はdにおいて更に下のような並行性を持っています。

　（14d）我写在黒板上几个字　　　　我写给张老师几封信
　　　　「私は黒板に数文字書いた」　「私は張先生に数通手紙を書いた」
　（15d）我放［在］桌子上一盆花　　我卖［给］张老师一所房子
　　　　「私は机の上に盆栽を一つ置いた」「私は張先生に家を一軒売った」

　（14d）では"在"や"给"を省略できませんが、（15d）ではそれが可能になるのは、何故でしょうか？それは、"卖"「売る」が典型的な「やりとり動詞」で、動詞自身に「やりとり」の意味が含まれており、"给"を後置させるのは剰余的であるため、"给"が現れなくてもかまわないのです。一方の"写"「書く」は「やりとり動詞」ではなく、動詞自身に「やりとり」の意味が含まれないため、やり取りの相手を導くためには"给"を必ず添えなくてはなりません。"在"構文に対しても同じような説明をすることができます。動詞"放"「置く」にはもともと「付着」の意味が含まれているので"在"は有っても無くてもかまいませんが、"写"には本来「付着」の意味が含まれていないので、書きつけた場所を導くためには"在"が必要になるのです。これは数量原則によるもので、意味と形式が対応しています。
　上述の四原則は"在"構文と"给"構文に同じように作用しています。別の言い方をすれば、具体的な"在"のドメインから抽象的な"给"のドメインに写像しています。こうして、"在"構文と"给"構文の間にある並行関係が合理的に解釈されます。

第五講 「文法メタファー」と「メタファー文法」

統語領域・意味領域・語用領域の間の写像

中国語には一定の構文によって、全体指示を意味する語句があります。たとえば、下の例にあるような"一…不〜"「一つの・・・も〜でない」、"一…一〜"「…ごとに〜する」、"再…也〜"「いくら・・・でも〜」、"最…也〜"「最も…でも〜」、"连…也／都〜"「…でさえも〜」などがそうです。

  他一字不识。「彼は一字も知らない」（＝すべての字を知らない）
  有一件交待一件。「一件ごとに引き継ぐ」（＝すべての用件を引き継ぐ）
  再大的困难他也能克服。「いくら大きな困難でも彼は克服できる」
         （＝すべての困難を克服できる）
  最便宜的我也买不起。「一番安いものも買えない」（＝全て買えない）
  连他的敌人也佩服他。「彼の敵でさえも彼を敬服している」
       （＝誰もが敬服している）
  连乔姆斯基自己也不懂转换语法。
  「チョムスキー本人でさえも変形文法がわからない」
        （＝誰も変形文法がわからない）

これらの例文の肯定と否定を逆転させる場合、私はこれを「プラス・マイナス転換」と呼んでいますが、三つの異常現象が生まれます。

 １．文法に合わない（＊で表示）
  他一字不识。   ＊他一字识。
   「彼は一字も知らない」 「＊彼は一字も知っている」
  他一声不吭。   ＊他一声吭。
   「彼は一言も出せない」 「＊彼は一言出せる」
  有一件交待一件。   ＊有一件不交待一件。
   「一件ごとに引き継ぐ」 「＊一件ごとに引き継がない」
  一天有一天的事情。 ＊一天没有一天的事情。
   「日ごとに用事がある」 「＊日ごとに用事がない」

2. （もとの）意味と合わない（♯で表示）
最便宜的我也买不起。　　　　　　♯最便宜的我也买得起。
「私は一番安いのさえも買えない」　「♯一番安いのも買える」
再大的困难他也能克服。　　　　　　♯再大的困难他也不能克服。
「いくら大きな困難でも克服できる」「♯いくら大きな困難も克服できない」
再好的衣服穿在她身上也不好看。　　♯再好的衣服穿在她身上也好看。
「どんなにいい服も彼女が着たら似合わない」　「♯どんなにいい服も彼女が着ると美しい」

3. 語用に合わない（？で表示）
连他的敌人也佩服他。　　　　　　　？连他的敌人也不佩服他。
「彼の敵までもが彼を敬服する」　　「？彼の敵までもが彼を敬服しない」
连看电影也不感兴趣。　　　　　　　？连看电影也感兴趣。
「映画にさえも興味がない」　　　　「？映画にさえも興味がある」
就算你请我坐汽车去，我也不去。　　？就算你请我坐汽车去，我也去。
「車に乗せてくれても、私は行きたくない」　「？車に乗せてくれても、私は行く」

これらの三つの異常現象は「スケール・モデル」を用いることで統一的な説明ができます。重量で考えると「スケール・モデル」は次のように図示されます。

```
┌─ m     最も軽い
├─ X₂
├─ X₁
└─ M     最も重い
```

この「スケール・モデル」によって、「x1 が x2 より重い場合、ある人間が x1 を持ち上げられるならば、その人は x2 を持ち上げることもできる」という推論を導くことができます。更に上で見た全体指示の語句も、このスケール上の m もしくは M に位置するものですから、解釈が可能になります。たとえば、最大量 M を肯定することは全量を肯定することになり、最

小量 m を否定することは全量を否定することを意味します。具体的に言えば、誰かが最も重いものを持ち上げることができるならば、全てのものを持ち上げられることを意味しますし、最も軽いものを持ち上げることができないならば、全てのものを持ち上げることができないことを意味します。注意すべきは、文のプラスとマイナスを転換させる時、つまり肯定を否定に変えたり、否定を肯定に変える時、スケールの方向も併せて転換させて、最大量 M と最小量 m の位置を交換させないと、全体指示の意味が保てません。スケールの方向を転換させないと、文法や（もとの）意味、語用に合わない異常現象が生じるのです。

　かつては文法、意味、語用を三つの独立したモジュールと考え、まず文法処理がすんだら次に意味解釈のモジュールで処理がなされ、最後に語用モジュールでの処理がなされる、というような考えが主流でしたが、このようなやり方は三つのモジュールの間にある並行関係を無視しており、概括性に欠けるものでした。実際には、やはりこの三つのモジュールを三つのレベルと見る方が適当です。文法レベルが最も抽象的、語用レベルが最も具体的で、意味レベルはその中間にあり、三者間にはメタファーの写像関係があって、スケール・モデルは三つのレベルを貫いて、三レベルの間に現れる平行現象に統一的なまとまった解釈をすることができるのです。

意味領域と形式領域の間の写像

　文法研究の主たる目的は、意味と形式の関係を説明することですが、意味と形式の関係もかなりの程度において写像関係であることを述べたいと思います。英語で二つの動詞 steal「盗む」と rob「奪う」の文法的な振る舞いは下のような違いがあります。

```
Tom stole 50 dollars from Mary.   *Tom stole Mary of 50 dollars.
「トムはメアリーから 50 ドル盗んだ」
*Tom robbed 50 dollars from Mary.  Tom robbed Mary of 50 dollars.
「トムはメアリーから 50 ドル奪った」
```

英語で steal の目的語になるのは盗まれたモノで、盗まれたヒトではありませんが、rob の場合は奪われたヒトが目的語になり、盗まれたモノではありません。中国語にも"偷"「盗む」と"抢"「奪う」という二つの動詞がありますが、英語のような違いは見られません。

　　张三偷了李四 50 块钱。　　　　　张三抢了李四 50 块钱。
　　「張三は李四から 50 元を盗んだ」　「張三は李四から 50 元を奪った」
　　*张三从李四偷了 50 块钱。　　　　*张三从李四抢了 50 块钱。

　上の対比例が示すように、モノ（盗まれた物、奪われた物）はどちらも直接目的語になりますが、ヒト（盗まれた人、奪われた人）は介詞（前置詞）"从"「…から」の目的語に据えることができません。"偷"と"抢"の違いは、次のような場合に見られます。

　　张三偷了钱。　　　　　　　　　　*张三把李家偷了。
　　「張三がお金を盗んだ」
　　张三抢了钱。　　　　　　　　　　张三把李家抢了。
　　「張三はお金を奪った」　　　　　「張三は李さんの家を襲った」

　ヒトとモノがどちらか一つしか文中に出現できないとすると、"偷"では盗まれたモノだけが現われ、盗まれたヒトは現われません。"抢"ではヒトだけが現れることも、モノだけが現れることもできます。その結果、上に挙げた四つの例文のマトリックスでは右上だけが不成立となります。ちなみに、英語の中には "Tom robbed 50 dollars from Mary" と言える方言があって、その方言でも右上の例文だけが不成立となります。中国語と英語の例は二つの問題に関係します。一つは steal と rob で受奪物と受動者のどちらが動詞に近い直接目的語になるかという問題です。これは、意味役割と動詞からの遠近の問題です。もう一つは、文内に直接目的語が一つしか出ない時、"偷"と"抢"では受奪物と受動者のどちらが文に出現するかという問題です。これは、意味役割の現われ方の問題です。

第五講 「文法メタファー」と「メタファー文法」

　古い分析方法だと、動作主（盗み奪うヒト）、受動者（盗み奪われるヒト）、受奪物（盗み奪われるモノ）という三つの意味役割を分けて分析しますが、"偷"と"抢"はどちらもこの三つの意味役割を持っているで、上に挙げた問題に答えることはできません。実は、"偷"と"抢"では、意味役割の際立ち方において下のような違いがあるのです。

　　　"偷"〔窃盗者　　　被害者　　　**窃盗物**〕
　　　"抢"〔**強奪者**　　　被害者　　　強奪物〕

　ここでゴチック体で記した意味役割が際立ちを受け、顕著性を帯びています。窃盗事件が起きた時、盗まれたモノが関心の的となり、顕著性を持ちます。たとえば、バスの中で財布をすられた人には幾ら盗まれたかを問うのがふつうです。しかし、強盗事件が起きた時には、強盗の被害を受けた人が顕著性を帯び、その人の身の安全が一番の関心事になります。しばらく前に私の学生が学校の近くで強奪事件に遭ったと聞いたとき、一番に尋ねたのは彼がケガをしていないかどうかであって、お金を幾ら奪われたかではありませんでした。次の二文を比べてみてください。

　　　你別偷我饭碗。　「私の茶碗を盗むな」
　　　你別抢我饭碗。　「私の茶碗を奪うな／飯のタネを奪うな」

　"偷"の例文には「茶碗を盗むな」という文字通りの意味しかありませんが、"抢饭碗"には文字通りの意味のほかに、「飯のタネ（生活の手段）を奪う」という意味もあって、被害者が受ける損害の程度は"抢"「奪う」の方が"偷"「盗む」よりもずっと大きいのです。また、中国語では"不偷不抢"「盗みも奪いもしない」、"又偷又抢"「盗み奪う」、"只偷不抢"「盗みはするが奪いはしない」、"偷抢事件"「窃盗事件」とは言いますが、"偷"と"抢"の順序を逆にして"*又抢又偷"、"*只抢不偷"、"*抢偷事件"のようには言いません。これは、意味の近い字や語を並べるときには意味の軽いものを前に、意味の重いものを後ろに置く―たとえば、"关而不杀"「閉

151

じ込めはするが殺さない」、"又哭又闹"「泣きわめく」、"又批又斗"「批判し吊し上げる」―のが一般的なルールだからです。

　你可真胆大，竟敢偷警察！「大胆な奴だ、警察官をスルとは！」

　先に"抢"は被害者を目的語に取れるが、"偷"では被害者は目的語にならないと言いましたけれど、では上の例では何故"偷警察"「(直訳は)警察官を盗む」と言えるのでしょうか？実はこの例文は、バスの中でスリを捕まえた私服警官が言った言葉なのです。警察官は一般人よりもスリにくいし、その警察官がスリに遭うというのはよほどのことなので、このような特定のコンテクストのもとで"偷"の被害者が際立ちを受けたのです。
　先ほどの二つの問題に戻りましょう。中国語の実例によれば、意味役割の現われかたについて、際立ちを受けていないものは消えて文法形式としては表われず、際立ちを受けているものは消えることはなく、文法形式として表に現れます。このルールの背後には、見えるものは見えないものより顕著である、という認知的な原因があります。

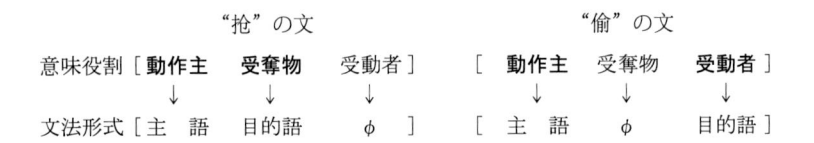

　　　　　　　　　　"抢"の文　　　　　　　　"偷"の文
意味役割 [**動作主**　**受奪物**　受動者]　[**動作主**　受奪物　**受動者**]
　　　　　　↓　　　　↓　　　↓　　　　　　↓　　　↓　　　↓
文法形式 [主　語　　目的語　　φ　]　[主　語　　φ　　目的語]

　英語の実例によると、意味役割と動詞の遠近関係について、際立ちを受けるものは動詞に近い位置にある直接目的語になることができ、際立ちを受けていないものは直接目的語になるとは限りません。このルールにも、近いもののほうが遠いものよりも顕著である、という認知的な原因があるのです。

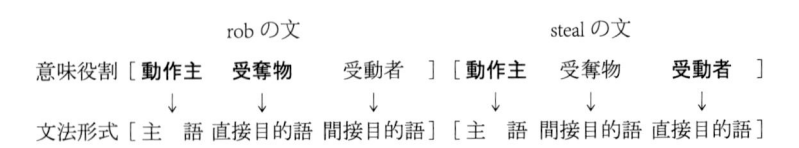

　　　　　　　　　　rob の文　　　　　　　　　steal の文
意味役割 [**動作主**　**受奪物**　受動者]　[**動作主**　受奪物　**受動者**]
　　　　　　↓　　　　↓　　　↓　　　　　　↓　　　↓　　　↓
文法形式 [主　語　直接目的語　間接目的語]　[主　語　間接目的語　直接目的語]

第五講　「文法メタファー」と「メタファー文法」

　今しがた述べた二つの認知的な原因－見えるものは見えないものより顕著性が高く、近いものは遠いものより顕著性が高い－は、概念領域から言語形式の領域への写像であって、二つのドメインの間に対応関係があることは、まさに図像的な関係にほかならず、この写像はまさにメタファーです。ただし、形式と意味の間に常にこのような一対一の対応があるわけではなく、上に見たような四つ例文のマトリックスの中で右上の一つだけが成立しないというようなケースがよくあると言うことには注意する必要があります。これは、一種の「ねじれた対応関係」であって、形式Aは意味Aに対応するが、形式Bは意味Bとも対応しつつ意味Aとも対応する、という関係なのです。英語の"rob, steal"と中国語の"偸、抢"で見たことを集合論の包摂式で表わすことができます。

　　　　顕著な意味役割の成分　⊃　顕著でない意味役割の成分

　この包摂式が意味するものは「ある言語において、顕著でない意味役割の成分が直接目的語になれるとすれば、顕著な意味役割の成分も直接目的語になることができる。しかし、その逆は成立しない。また、ある言語において、顕著な意味役割の成分が省略可能ならば、顕著でない意味役割の成分も省略することができる。しかし、その逆は成立しない」ということです。言語における形式領域と意味領域の間にあるメタファー的な写像は、多くの場合このようにねじれた関係なのです。

　以上、「メタファー文法」について述べてきました。では次に、「メトニミー文法」についてお話をします。メトニミーは言語活動の中で二つのベクトルが妥協した結果、自然に生じたものです。一つの力は正確に話そうという力で、何を指しているのかをはっきりさせ、聞き手の注意力をダイレクトに目標に向けさせようとするベクトルです。もう一つの力は、経済的に話そうという力で、重要なもの、顕著なものだけ口にし、重要でないもの、顕著ではないものは口にしないというベクトルです。メトニミーは正確さと経済性を兼ね備えた、ある意味最強の言語的ストラテジーであると言えます。

"的"字構造の指示特徴

　動詞フレーズに"的"が後接したものを"的"字構造と呼びます。"的"字構造は、それが修飾する名詞を指し示せる場合とそうでない場合があります。

　　　开车的人〜开车的　　「運転する人」〜「運転手」
　　　到站的火车〜到站的　「駅に着いた列車」〜「駅に着いたモノ」
　　　迟到的人〜迟到的　　「遅れて来た人」〜「遅れて来たヒト」

　上の例は"的"字構造自身が転じて被修飾語の名詞を指示できる場合ですが、下の例は同じ形をした"的"字構造であっても被修飾語を指示できない場合です。

　　　开车的技术〜*开车的　「運転する技術」
　　　到站的时间〜*到站的　「駅に着いた時間」
　　　迟到的原因〜*迟到的　「遅れて来た原因」

　かつてこの問題は「文法成分の取り出し」という規則を使って説明されました。たとえば、"人"は動詞"开"にとっての潜在的な文法成分（動作主、行為者）であるから、これを「取り出し」たあとも"的"字構造の指示対象に転じることができるが、"技术"は"开"の文法成分ではないので"的"字構造の指示対象には転じないというわけです。ところが、この解釈では次例を説明できません。

　　　毒蛇咬的（伤口）　「毒蛇が噛んでできた（傷口）」

　"伤口"「傷口」は動詞"咬"「噛む」の潜在的文法成分ではありません。"毒蛇咬伤口"「毒蛇が傷口を噛む」とは言えても、上例が意味するような毒蛇に噛まれて傷口ができた、という意味にはなりません。では、なぜ"毒蛇咬的"「毒蛇が噛んだモノ」で"伤口"「傷口」を指示できるのでしょうか？

第五講　「文法メタファー」と「メタファー文法」

　次の例では、どちらも同じ"这些事"が主語であるのに、なぜ一方では指示対象になり、もう一方では指示対象になれないのでしょうか？

　　这些事他最在行。　　　　　他最在行的事～他最在行的
　　　「これらは彼が一番得意だ」　　「彼が一番得意な件」
　　这些事他最精明。　　　　　他最精明的事～*他最精明的
　　　「これらは彼が一番良くできる」　「彼が一番良くできる件」

　また、一定のコンテクストさえあれば"技术"も"开车的"の指示対象となれるのは、何故なのでしょうか？

　　他在技校学了很多技术，开车的、修车的等等。
　　　「彼は技術学校でたくさんの技術を学んだ、運転や修理など」

　さらに次の例を見てください。

　　头发稀少的老人～头发稀少的　「髪が少ない老人」～「髪が少ないヒト」
　　儿子上大学的家长～儿子上大学的
　　　「息子が大学に通っている親」～「息子が大学に通っているヒト」

　この例で"老人""老人"と"稀少""少ない"、あるいは"家长""親"と"上（大学）""（大学に）通う"とは文法的に直接の関係はありませんから、指示対象にならないはずです。しかし、たとえそうであっても、"老人""老人"と"头发""髪"には全体と部分の関係があり、"家长""親"と"儿子""息子"の間には親族関係があるので、"老人""老人"は"头发""髪"と文法関係があり、"家长""親"と"儿子""息子"も何らかの文法関係があるゆえに、指示対象になるのだと説明する人がいます。しかし、それでもなお問題は残ります。

　　两个人合住一间的客房～两个人合住一间的　「二人でシェアする（相部屋）」

155

九十块钱一桌的酒席〜九十块钱一桌的　「一席あたり90元の（宴席）」
百年难遇一次的地震〜百年难遇一次的　「百年に一度あるかないかの（地震）」

　これらの例にある"客房、酒席、地震""部屋、宴席、地震"は"的"字構造のどの名詞とも全体と部分の関係にもないし、ましてや親族関係もありません。にもかかわらず、すべて"的"字構造がこれらの名詞を指示できるのです。
　つまるところ、文法的にこれらの指示現象を見ているだけでは問題は解決できないのです。レイコフは以下のような「メトニミーの認知モデル」を提示しています。

　Ⅰ　ある言語環境において、ある目的を達するために、「目標」概念Bを指示する必要がある。
　Ⅱ　概念Aで概念Bを指し示すためには、AとBは同じ「認知フレーム」内に存在しなければならない。
　Ⅲ　この「認知フレーム」の中で、AとBは密接に関わっている。Aの活性化によって、Bも（通常はBだけ）付随的に活性化される。
　Ⅳ　Aが付随的にBを活性化させるためには、認知上AがBより際立っていなければならない。

　典型的な例は「やかんが沸いている」という表現です。ヤカン（概念A）でお湯（目標概念B）を指し示していますが、ヤカンとお湯は「入れ物と中身」という認知フレームの中に存在していて、両者は密接に関わっています。ヤカンという概念の活性化は付随的にお湯という概念を活性化させます。認知上、ヤカンはお湯より目立っています。ヤカンは目で見えるのに対し、その中に入っているお湯は目で見えません。お湯が沸いている時、私達がふつう見ているのは、お湯が沸騰している所ではなく、ヤカンの口から蒸気が上がったり、ヤカンの蓋がカタカタと震えている所でしょう。見えるものは見えないものよりも顕著性が高いというのは、一般的な認知法則です。

第五講 「文法メタファー」と「メタファー文法」

　認知フレームというのは人間が経験に基づいてこしらえた概念と概念の間に存在する固定的な関係モデルで、それは人間にとって「自然」な経験パタンです。それを「自然」というのは、人間が自分自身を認識した結果であったり、人間と外界とが互いに作用しあった結果であったり、一言で言えば、人間の自然な属性の産物だからです。主観的な心理構築物である以上、それは客観的に実在するものとは完全に一致するものではなく、ふつう客観的事実よりも単純化されています。たとえば、実際に起きたことが、張さんが深夜に高速道路を車で飛ばしているということであっても、認知主体としての人間はこの情景を［動作主 - 動作－被動作主］という認知フレーム、すなわち［人－運転する－車］という枠でとらえます。動作主の「人」と被動作主の「車」は認知フレームに収まっていますが、運転する時間「深夜」や場所「高速道路」、様態の「速く」などは通常この認知フレームに入ってきません。これはゲシュタルト的認知と同じことです。たとえば、下の図を見たとき、私たちは小さな円が大きな円の上に重なっていると捉えます。大きな円と見ている図は、本当は複雑な形をした図形なのかも知れませんが。

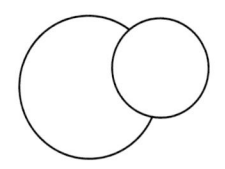

　これは、円が相対的に好ましい形状をしていて、一つのゲシュタルトを成しているからなのです。これと同様に、"开车的"と見聞きした時に、私たちは［動作主 - 動作－被動作主］という認知フレーム（ゲシュタルト）に依拠して、この表現に欠けている部分は動作主（すなわち、運転するヒト）であろうと推定するのです。それは時間や場所、方式などではありません。つまり［人－運転する－車］がゲシュタルトであるのに対して、「深夜－運転する－車」や「高速道路－運転する－車」、「速く－運転－車」などはゲシュタルトとして認識されないからです。時間、原因、方式、目的などのいわゆる「外側の格」はふつう認知フレームには入っていないため、指

示対象に転じることがないのです。これが"开车的（技術）"「運転の（技術）」、"到站的（時間）"「駅に着く（時間）」、"迟到的（原因）"「遅れて来た（原因）」、"切脉的（方法）"「脈を診る（方法）」などでカッコに括られた被修飾語が"的"字構造で指示され得ない理由なのです。先に触れた問題もこれで合理的に解決します。たとえば、"毒蛇咬的伤口"「傷口」の問題ですが、"伤口"「傷口」は確かに"咬"「噛む」の文法成分（すなわち受動者）ではありませんが、［動作主－動作－結果］という認知フレームの中に「傷口」が入っているのです。また、"他最在行的"「彼が一番得意な件」は言えても"他最精明的"が「彼が一番良くできる件」を指せないのも認知フレームで解釈できます。ある人が何事かを得意としているとき、その人と得意な事とは常に一体でゲシュタルトをなしており、どちらか一方だけが欠けることはありません。しかし、ある人が良くできるといっても何かの事がらと常に一体化するわけではないので、ゲシュタルトを構成しないのです。また、［全体－部分］や［親－子］というのも当然ながらゲシュタルトであり、"一间－客房"［一間－客室］、"一桌－酒席"［一つ－宴席］、"一次－地震"［一回－地震］も［数量－事物］というゲシュタルトを成すものなので、"两人合住一间的"「二人でシェアする（部屋）」で「相部屋」を指せるのです。では、なぜコンテクストの支えがあれば"开车的"「運転の」で"技术"「技術」が指せたのでしょうか？それは、先ほどのコンテクストが技術学校で学んだ「技術」の中身を話題にしていたからで、「技術」の顕著性が高くなって、臨時に認知フレームの中に入って来れたからなのです。

　つまるところ、概念上のメトニミーがあって初めて"的"字構造の指示現象について合理的な解釈を加えることが可能となるということです。

"不过"の虚化と語彙化

　"不过"が数量語句の前に来て"不过10米"のような表現を作ると、二つの意味が生まれます。一つは「10mを超えない」ということで、この意味の場合は否定副詞"不"プラス動詞"过"から成るフレーズであって、これを"不过₁"と呼びましょう。もう一つは、「10mに過ぎない」という意味で、ここでの"不过"は「ただ単に…に過ぎない」という意味を表わ

す範囲副詞であって、この単語を"不过₂"と呼ぶことにします。まず"不过₁"から"不过₂"への変化は虚化の過程を経ています。「超えない」という具体的な空間の概念が、「ただ単に…に過ぎない」という虚的な意味に変化しています。ふつう"不过₁"は名詞的な語句の前に現れますが、"不过₂"は動作や状態を表わす語句の前にも現われます。下に古代漢語の例を二つずつ挙げておきます。

是故先王之制錘也，大不出鈞，重不过₁石。
「この故に先王の鐘を制るや、大は鈞を出でず、重は石に過ぎず」『国語・周語下』
不过₁二年，君必无患。
「二年を過ぎずして、君必ず患ひなからん」『左伝』

信曰："陛下不过₂能将十万。"
「信曰く、陛下はよく十万に将たるに過ぎずと」『史記・淮陰侯列傳第三十三』
公輸子之意，不过₂欲杀臣。
「公輸子の意、臣を殺さんと欲するに過ぎず」『墨子・公輸第五十』

現代中国語でも"桥长不超过10米"「橋の長さは10mを超えない」と言えば橋の長さを客観的に表わす表現ですが、"桥长仅仅10米"「橋の長さはせいぜい10mにすぎない」と言うと、橋の長さを述べるだけでなく、橋の長さが足りないとか、さほど長くもない、というような話し手の主観的な態度も含まれてきます。主観的な態度は客観的な描写に比べて虚的なものです。
　"不过₁"から"不过₂"への変転は語彙化のプロセスでもあります。"不过₂"はすでに一語化しているので、"不"と"过"の間にどのような要素も入れることができません。しかし、"不过₁"はフレーズなので、"不"と"过"の間に副詞"仅仅"「わずか」や"一定"「必ず」といった別の要素を挿入することができます。

不仅仅过 10 米，还过了 15 米。
「10 mを超えているだけでなく、15 mも超えている」
不一定过 10 米，也许只过了 5 米。
「10 mを超えているとは限らない、5 mを超えただけかも知れない」

　興味深いのは、"不过"がどのようにして「…を超えない」という意味から「ただ単に…に過ぎない」という意味へと転じたのか、また、意味的な虚化がなぜ"不过"をフレーズから単語に変化させたのかという問題です。この問題を解決するためには、やはり概念上のメトニミーを考えなくてはなりません。つまり、メトニミーを介して「…を超えない」という概念が「…に過ぎない」という概念へと移行したのです。この二つの概念間の関係は、「…に過ぎない」は論理上「超えない」を導く関係です。もし「10 mに過ぎない」が真であれば、「10 mを超えない」も真です。逆に、「10 mを超えない」が真であれば、「10 mに過ぎない」が真であるとは限らず、10 m以下のどんな長さでもありえます。つまり、「10 mを超えない」は 10 mに達していないかも知れませんが、「10 mに過ぎない」は必ず 10 mに達しています。これは下の二例を比べてみるとわかります。

桥长不超过 10 米，还没到 10 米。
「橋の長さは 10 mを超えておらず、10 m以下である」
*桥长仅仅 10 米，还没到 10 米。
「*橋の長さは 10 mに過ぎず、10 m以下である」

後ろの例文は前後で意味が矛盾しているので、文として成立しません。「超えていない」が転じて「…に過ぎない」を指し示すのは、一種の推理プロセスを経た結果です。その推理プロセスは帰納的推理でも演繹的推理でもなく、いわゆる「アブダクション・仮説的推理（abduction）」によるもので、道理（常識）と事実に基づいた三段式推理です。

常識：橋の長さが 10 m しかなければ、10 m を超えない。
　　事実：話し手は"桥长不过₁10米"「橋の長さが 10 m を超えない」
　　　　　と言っている。
　　推論：話し手は"桥长不过₂10米"「橋の長さは 10 m に過ぎない」
　　　　　と言いたいのかも知れない

　"不过"の虚化と語彙化のプロセスは、以下のように説明することができます。

　(1) 形式A（不过₁）と意味A（超えない）は固定的な関係がある。
　(2) 形式Aが次第に新たな意味、つまり意味B（ただ…に過ぎない）と臨時の関係を持つ。意味Bは仮説的推理の結果である。
　(3) このような推理が繰り返された結果、推理にかかる時間が短くなり、最後は推理せずに直接意味Bが導かれる。
　(4) 直接導かれるようになった意味Bは形式Aの固有の意味になってから、逆に形式Aに対して反作用が生じ、形式Bに変化させる。意味Bは意味Aより虚で、形式B（語）は形式A（フレーズ）よりも短い。
　(5) 意味B（ただ…に過ぎない）と形式B（不过₂）が固定的な関係を得る。

　変化のプロセスを図示すると、次のようになります。

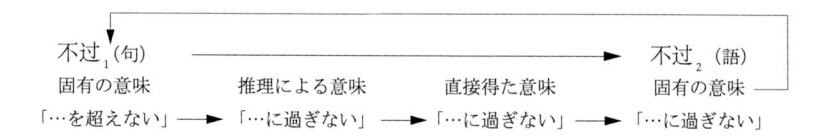

```
不过₁(句) ─────────────────────────────▶ 不过₂(語)
固有の意味      推理による意味    直接得た意味      固有の意味
「…を超えない」 ─▶「…に過ぎない」─▶「…に過ぎない」─▶「…に過ぎない」
```

　形式の変化（語彙化）は意味の変化（虚化）に遅れるのが常で、二つの変化が同じテンポで進むわけではないことに注意してください。

解釈と予測

　今日の講演を終えるに当たり、特に強調したいのは、形式と意味の関係

は、完全に恣意的であるというわけではないし、また完全に予測可能であるというわけでもなく、いわば「根拠にもとづいて習慣づけられたもの」だということです。私たちは文法構造に対して十分な解釈はできますが、不完全な予測しかできないのです。

　先に"偸"「盗む」と"抢"「奪う」が見せる様々な文法現象について、意味役割の「際立ち・顕著性」の違いで統一的な解釈を行いましたが、そこでは「顕著な意味役割の成分⊃顕著でない意味役割の成分」という包摂式を用いて部分的な予測をすることしかできませんでした。試みに、言語には常に下のような対応関係が存在するものと仮定しましょう。

　　　　顕著な意味役割　　　　顕著でない意味役割
　　　　直接目的語　　　　　　間接目的語
　　　　省略不可　　　　　　　省略可能

　顕著な意味役割の成分は、文法形式として常に直接目的語となり、省略することができない：もし意味役割が顕著でなければ、常に間接目的語となり、省略可能である。もしもこんなふうに形式と意味が一対一で対応するならば、これは図像的な関係で、一つの意味は一つの形式とだけ対応します。もし全てがこんなに完全な対応関係であるならば、私たちも完全な予測という目標を達成することができます。あらゆる意味にはそれぞれの形式があり、あらゆる形式にはそれぞれの意味がある、ということになるからです。今度は逆に、下のように形式と意味の間にいかなる対応関係も存在しないとしましょう。

　　　　顕著な意味役割　　　　顕著でない意味役割
　　　　直接目的語　　　　　　間接目的語
　　　　間接目的語　　　　　　直接目的語

　顕著な意味役割の成分が直接目的語にも間接目的語にもなれるように、顕著でない意味役割もそうであるとするならば、私たちはどのような予測

も立てることができません。現実には、形式と意味の関係は前者のように完全な対応関係でもなく、後者のように全くの無関係と言うわけでもなく、多くは上述した「ねじれた対応関係」にあります。このようなねじれが生じる理由の一つは、言語の変化過程において形式と意味は同じテンポで変化するわけではない、ということに起因します。形式の変化は意味の変化に遅れますから、形式が変化した後でも古い意味が新しい形式に残存することもあります。言語は不断に変化するので、形式と意味の間にねじれが生じることは避けられません。形式と意味の関係が常に部分的で不完全な対応である以上、私たちも文法現象に対して部分的で不完全な予測しかできないのです。

　先に"的"字構造が被修飾語となる名詞を指示できるかどうかについて、「概念メトニミーモデル」を用いて、かなり概括性の高い統一的解釈を行いましたが、なお不完全な予測しかできないと言わざるを得ません。具体的に言えば、このモデルではコンテクストによって顕著性の低い概念も顕著性が高くなるとしましたが、下の例を比較すると、どちらもaが成立しません。

　　a.＊开车的时间变了，到站的也变了。
　　b.　到站的和开车的时间都变了。
　　　「到着の（時間）と発車の時間が変わった」

　　a.＊开车的技术不难，修车的难。
　　b.　开车的技术不比修车的难。
　　　「運転の技術は修理の（技術）より難しくはない」

　上例はともにaとbを比較対照した表現ですが、その違いは、文中で二つの"的"字構造が置かれた位置がaでは異なる節にあるのに対して、bでは同じ文の中にあるという点にあります。二つの成分が同じ文の中にある方が、二つに分かれた節の中にあるよりも距離が短く（実際の距離と心理的な距離を指します）、お互いの影響力も強くなって、双方の顕著性を

高めることができるのです。あるコンテクストが"的"字構造の指示性を必ず変えることができるかどうかについて絶対的な予測をすることはできませんが、包摂式によって弱い予測をすることは可能です。つまり、aで可能であればbでも可能になるが、その逆は保証されない、ということです。

　言語の研究において完全な予測をすることは不可能です。これは言語学という科学の研究対象である言語の性質が然らしむるところであって、およそ複雑系で開放的なシステムには完全な予測は不可能なのです。言語というものは複雑系で、開放的システムであり、さまざまな要素が互いに作用して出来あがった結果であるため、均衡のとれた安定状態を保つことはなく、常に発展し変化し続ける動的プロセスの中にあります。それが均衡のとれた安定状態に達して何らの変化もしなくなったとすれば、それは既に死んだシステムです。気象学、進化学、地質学や天文学と同じように、言語学も完全な予測をすることはできませんが、やはり科学の一分野なのです。

参考書目

　メタファとメトニミーの一般的な認知特性についてはG. Lakoff and M. Johnson(1980)、G. Lakoff(1987)；事物領域、動作・性状領域間の写像については沈家煊（1995a）；行域・知域・言域間の写像については沈家煊（2003a）；"在"領域と"给"領域の写像については沈家煊（1999a）；文法領域・意味領域・語用領域間の写像については沈家煊（1995b）；意味領域と形式領域間の写像については沈家煊（2000a）；"的"字構造の指示性については沈家煊（1999b）；"不过"の虚化と語彙化については沈家煊（2004c）；解釈と予測については沈家煊（2004b）をそれぞれ参照されたい。

講演記録

　2004年11月12日、北京大学計算言語学研究所での講演。

第六講　なぜ言語における統合現象を研究するのか

科学的思考法の新しい傾向

　全体が部分の総和よりも大きくなりうるという事実は、今や多くの人にとって明白なこととなりましたが、かつては物理学者を大いに困惑させたものです。物理学者が長きにわたって研究してきた現象は、全体は部分の総和に等しいというものばかりであり、自然界における多くの事も確かにそうでした。たとえば音声について言えば、オーケストラの合奏で管楽器の音色と弦楽器の音色をそれぞれ区別することができます。音波は混在していても、依然としてそれぞれの特性が保たれています。しかし、私たちの脳を含めて、自然界にはそうではないことも多く、管楽器の音と弦楽器の音はそれぞれ私たちの耳に入ってきますが、この二つの音色の「調和」が私たちの感情に与える影響は、二種類の楽器の個々の作用よりもはるかに大きいものです。であればこそオーケストラが必要なのであり、このような効果があるからこそ、この世界は味わいに満ちているのです。

　ニュートンの時代から300年の時間をかけて、科学者はあらゆるものを分子、原子、核子（陽子と中性子）、クオーク（素粒子）へと分解してきましたが、現在はこの過程を逆行させて、これらの分解された成分が如何にして一つになり、複雑な全体を形成していくのかについて研究をし始め、より簡単なものへと分析、分解、還元することは少なくなりました。このような傾向は生物学、進化学、神経科学、生態均衡学、人工知能学、経済学など多くの学問領域で起こっており、物理学も既に例外ではありません。最近の物理学者は混沌的数学理論をうち立てることで、無数の破片が形成する全体的美感、液体内部の渦のような奇怪な運動など数多くの複雑な現象を説明しようと試みています。ワールドロップ（Mitchell M. Waldrop）の著作『複雑系』では、このような状況について広く分かりやすい記述がなされています。

　少し前に科学技術哲学の先端的問題に関するシンポジウムが中国社会科学院哲学研究所で開かれました。このシンポジウムのテーマは「全体論－科学研究の新しい道筋」でした。このような科学技術哲学における新しい

考えかたは「生成全体論」とよばれ、伝統的な「システム全体論」とは根本的に異なります。従来のシステム全体論は元素の存在を前提として、全体を相互に関連しあう元素の集合体と見なしており、システムの空間的な構造に着目します。一方、生成全体論はまず先に全体があり、その後に部分があることを前提として、時間的な持続性とシステムの動態性に注目します。全体は部分から構成されるのではなく、全体はそもそも全体なのであって、「発生」した時点から全体であり、「発生」と「成立」は繋がっていると見ます。要するに、生成全体論が強調する全体性には二つの要点があります。一つは、全体の機能は部分の総和と等しくはなく、それよりも大きくなることも小さくなることもあり得るという点です。もう一つは、部分と部分の間には相互作用があるため、単に分解だけに頼って全体を理解するのは十分ではないという点です。

システム全体論の考え方によって現代科学は非常に大きな成果を得ましたが、量子物理学の発展過程で大きな困難にぶつかることとなりました。量子現象は生成的な特性を持っており、放射性物質が発射する電子は原子核の構造要素として存在するのではなく、過程の最中に生成され、消滅するものなのです。多くの物理学者はこの中にある新しいアプローチにまだ気づいておらず、科学哲学者のように系統的にこのような科学思想の新傾向を研究してはいませんが、量子物理学に貢献した科学者たちは既にはっきりとこの全体生成論の特性に気づいているのです。

統合現象の普遍性
生物学における統合現象

先日『新京報』の「新知・視野」面に「種も二つが合体して一つになるのか？」という文章が掲載されていましたが、これは一読に値する文章でした。種の進化史上よく知られている進化過程は「一つが二つに分かれる」ものであり、たとえば人類とゴリラが同じ祖先を持つように、単一の種が二つ又はそれ以上の異なる種に進化するという過程です。「二つが合わさって一つになる」交雑種は植物界ではよく見られますが、動物界で起こる確率は極めて低いものです。その中でも重要な特質は、種の「生殖隔離能力」

です。種ごとにそれぞれ繁殖能力を持っており、異なる動物種の交配で出来たもの、たとえば騾馬（訳注：ラバは雌ウマと雄ロバの交配によって生じた交雑種）は繁殖能力を持たないのです。しかし、近年発見されたところでは、種も「二つが一つに合わさる」という例が数多く実証されています。最近の Nature、National Geography に掲載された論文では、ますます進化しつつある DNA コード解読技術により、一部の科学者たちは自然界には交雑が普遍的に存在しているのみならず、交雑は予想以上に新種の誕生を促す可能性が高く、その上、昆虫や魚を含む多くの交雑動物は自己繁殖能力を持っていると考えていることが紹介されています。先年アメリカの生物学者は、ある交雑種の蝶がそのような能力を持っていることを発見しましたし、ドイツで発見されたある交雑種の魚類は、親種の世代まで全く適応できなかった泥水の中で生活できることから、親世代よりも大きな進化を遂げていることが分かったのです。

数学における統合現象

　数学の複素数 (complex number) という概念は、あるパラドクスから生まれたものです。負の数は平方根を持たないと証明されていましたが、多くの数学の証明や公式の中で負の数の平方根は必要不可欠なものでした。たとえば三次元方程式を解くためには、負の数の平方根を計算しなければなりません。19 世紀まで負の数の平方根は非現実的で、あり得ないものだと考えられてきましたが、現代数学の「複素数」の概念は数を平面座標上の点と見なすことで、このパラドクスを解決しました。平面座標上にある全ての「数の点」は二つの方面から定義されます。一つは原点から移動した距離 r の長さであり、もう一つは水平軸と r の間の角度 θ の大きさです。下に図で示してみましょう。

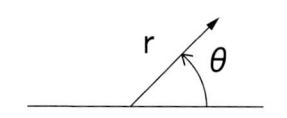

この概念に基づけば、数の乗法は r の 2 乗と θ の和となります。たとえば 2 かける 3 をすると、積の r は 2×3＝6、θ は 30°+60°＝90° です。これは下図のように示すことができます。

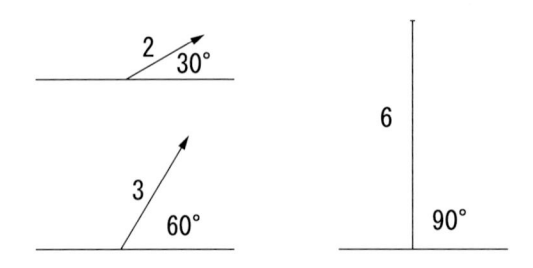

要するに「複素数」という概念は二つの概念領域、つまり平面座標域と実数域が統合した結果なのです。平面座標域において、数は角度を持ちますが乗法を持ちません。それは点というのはかけ合わせることができないためです。一方、実数域において、数は乗法を持ちますが、かけることができる角度を持ちません。しかし、これら二つの領域の統合により複素数域が生じることになります。実数が角度を持つことで、数と数のかけ算は角度の合計を含むことになり、数の平方根は r の平方根と θ の半数に相当するのです。よって負の数も平方根を持つことになり、上記のパラドクスが解決されたというわけです。実数域で確立された「負の数は平方根を持たない」という定理は、統合によって生じる複素数域内では成立しないのです。

今や複素数はすでに数学や他の科学、たとえば、量子力学や電子回路学など幅広い領域の中で用いられており、科学技術にとって不可欠な概念となりました。複素数は飛行機の翼の揚力に関する基本定理を証明するために重要な役割を果たし、巨大な水力発電所建設でダムの浸水問題を解決するための重要な理論的根拠となっています。さらに知っておいて良いのは、数学において統合は特別なことではなく、一般的な現象であるということです。数学概念の発展の多くは、整数から有理数へ、そしてまた無理数に至るまで、すべて概念統合の結果によるものであり、さらにはゼロと無限

大という二つの重要な概念までもが概念統合の結果なのです。

経済学における統合現象

　2005年度ノーベル経済学賞の受賞者であるアメリカの経済学者トーマス・シェリング (Thomas Schelling) は、欧米における非主流経済学の代表的学者のひとりです。彼は経済学理論を数学で表わす伝統的方法を打ち破り、「非数理ゲーム理論」(non-mathematical game theort) を創出し発展させました。彼は、双方あるいは多者が相互に影響しあう場面で、ゲームは数学的手段および既存の論理モデルでは記述し研究できないと考えました。なぜならば、意思決定主体が持つ意思と行動は、純粋な論理と数学からは予測できないためです。ゲームの参加者がゲームの戦略を選択する際には、数学的に勝ち負けを考えるだけではなく、名声を創り出すこと、伝統に従うこと、自信を確立することや度量を示すことなど数多くの非数学的な要素が絡んできます。彼はその代表作 *Micromotives and Macrobehavior* において様々な社会現象を研究し、人間の行動が他人の行動に影響を受ける場合、単純な総和によって集団の行動を推測することはできず、集団の行動から個人の願望を推測する、あるいは個人の願望から集団の行動を推測するような試みは全てその場しのぎの説明にしかならないということを、身近な事例を用いて、たいへん分かりやすく説明しています。

　たとえば、彼はクリスマスカードを送りあうことを一例として説明しています。人々がクリスマスカードを送りあうことは相互作用の動的なプロセスであり、多くの要素から影響を受けています。カードの費用、郵送料、人件費、カードを受け取った時の喜び或いは嫌な気持ちなど、まず考慮すべき要素のほかにも、風俗習慣、期待感やお互いの予期などの要素もあります。たとえば、人々は贈り物をもらったらお返しをすべきだと考えるため、カードを受け取ったら返事を出さねばならないと考えます。多くの場合、カードを送るのは相手からのカードを貰うためでもあります。また、時には、毎年カードを送っているため、今年突然送らなくなったら誤解されるのではないかと心配して送ることもあります。さらには、早めにカードを送って「あなたのカードを受け取ったが故に仕方なく返事をするので

はない」と相手に伝えることもあります。学生が先生にカードを送るのは、他の学生もきっとそうするだろうと思うからなのでしょう。要するに、互いにカードを送りあうという集団行動は、非常に滑稽で馬鹿らしいことになり、人々がカードを送り始めた当初の気持ちから離れたものとなってしまいました。と同時に、個体がどう行動しようとも、集団としての行動は恒常的でもあります。出したカードがもらったカードより多い人もいれば、もらったカードが出したカードより多い人もいます。しかし、全体の郵便システムから見れば、出したカードの量ともらったカードの量は同じです。つまり、結果としての集団行動と個人行動の間には必然的な繋がりがないのです。これは正に「椅子取りゲーム」のようなもので、もしも室内にある椅子の数が椅子に座る人数より少ないのならば、人々が如何に行動しようとも、結局は椅子に座れない人が出てくるのです。

心理学における統合現象

　人間の思考と認知のプロセスには、分析と統合という二つの補い合う側面があります。分析の中に統合があり、統合の中に分析がありますから、分析だけして統合しない、または統合だけで分析しないということはあり得ません。ゲシュタルト心理学は、認知過程における統合の重要性を強調しており、多くの実験によって人間にとってゲシュタルトを感知する方が構成部分を感知するよりも容易であることを証明しています。
たとえば、下の二つを比べて見ましょう。

　　　　　A.　（　）　　（（
　　　　　B.　　）　　（

　AとBで左右二つに分かれている記号は、どちらも一つだけ括弧の方向が異なっています。しかし、BのほうがAより単純であるにもかかわらず、被験者はBの違いよりもAの違いのほうを早く感知します。その原因は、Aの中の（　）がゲシュタルトを形成しており、人は部分よりも全体のほうを感知しやすいためなのです。

また、全体は部分よりも記憶しやすいとも言えます。これに関して、次のような実験があります。まず被験者にA、B、C、D四種類の動物が出てくる物語を話します。動物たちの賢さは異なっており、文で表すと以下のようになります。

　　　　(1) AはBより賢い。
　　　　(2) BはCより賢い。
　　　　(3) CはDより賢い。

その後、被験者に文の真偽を見分けさせます。上記の三文以外に、下の三つの文もあります。

　　　　(4) AはCより賢い。
　　　　(5) BはDより賢い。
　　　　(6) AはDより賢い。

結果としては、前の三文が表わすのは最も基本的な事実であるにもかかわらず、後ろ三文の真偽を判断するほうが、前三文の真偽を判断するよりも反応が早いのです。これは記憶におけるゲシュタルト構造で説明するしかありません。全体としてのA‐B‐C‐Dという等級において見れば、二つの成分の距離が離れれば離れるほど、両者の違いは顕著になり、優劣を判断しやすくなります。
　神経科学の最新研究によると、ある物体、たとえばコップを感知する時、この物体の形状、色、大きさ、質などの特徴はそれぞれ大脳皮質の異なる領域が活性化し、これらの領域がそれぞれ異なる信号を処理しています。しかし、大脳にはこれらの異なる種類の信号を視覚上単一の一貫した物体イメージに統合する神経メカニズムがあるそうです。このような統合は、神経科学の分野で「結合」(binding) と呼ばれています。この結合のメカニズムの詳細はまだ不明ですが、異なる種類の信号は大脳皮質で必ず「同時に」活性化されていると考えられています。

言語学における統合現象

　これは私たちが関心を持っているテーマです。言語の進化も種の進化と同じで、これまで言語学者が注目してきたのは、主に「一つが二つに分かれる」ことでした。たとえば、共通の一つの祖語から中国語とチベット語が分かれたと仮定することなどです。しかし、実際には、二言語間で「二つが一つに合わさる」現象もよく見られるのですが、十分な研究がなされているとは言えません。言語接触によって混成されたピジン語 (pidgin) は形式と機能において複雑化し、最終的には他の言語と同じ位置づけとなって、ある言語コミュニティでの母語となります。それが、言わば「生殖隔離能力」を持って世代を超えて使用されるようになると、いわゆるクレオール語 (creole) となります。クレオール語は、ジャマイカ、ハイチ、ドミニカ、および世界各地の旧植民地において多く見られます。2007 年に出版された『中国の言語』（訳注：孫宏開ほか編《中国的语言》商務印書館、北京、2007 年）の中にも「混合語」という項目があり、たとえば、新たに発見された青海省東部や四川省西部で使用されている「倒語」は、文法構造はチベット語と同じで、語彙は漢語と同じであると記されています。二言語が合わさって一つになった言語は、私たちが想像する以上に多く存在するはずです。

音声における統合現象

　言語工学分野の音声合成研究によると、単に二つの単母音 [a] と [i] を加えただけでは二重母音 [ai] は得られず、その聴覚印象はやはり連続する二つの音声 [a]、[i] に聞こえるのだそうです。
中国語でよく見られる合音現象も一種の音声上の統合です。北京方言では数詞"一"の本来の調値は [55] ですが、そのすぐ後に量詞が続く場合は変調が起こります。変調の規則は、たとえば"投你一票"（あなたに一票入れる／"票"は去声）のように"一"の後ろが去声の場合は調値が [35] になり、"一桶水"（一桶の水／"水"は上声）のように"一"の後ろが去声以外の場合には [51] となります。しかし"你递我一桶，我好盛水"「水を汲むから、桶を一つ手渡してくれ」において"一"は [51] ではなく [35] に変調します。これは何故でしょうか。それは"你递我一桶"「ひと桶くれ」

の"一"は、実際のところ"一个""一つ"の合音形式であって、"个"が去声だからです。これは"俩 liǎ"、"仨 sā"がそれぞれ"两个 liǎng ge"（二つ、二個）、"三个 sān ge"（三つ、三個）の合音形式であるのと同じことです。しかも、合音の方法も同じく連続変調と音節圧縮によるもので、単に二つの音を合わせただけではありません。合音現象は中国語の諸方言でよく見られるものです。北京方言では"不用 bú yòng"が合成して"甭 béng"、"不要 bú yào"が合成して"别 bié"になり、蘇州方言では"勿要"が合成して"覅 fiào"となるのがその実例です。

語彙と文法における統合現象

　新しい語彙が生まれる時も「一つが二つに分かれる」場合と「二つが一つに合わさる」場合があります。そもそも"信任"「信任」の"信"から"信使"「手紙を届り届ける人」の用法が派生し、また"书信"「手紙」の意味が派生したのですが、現在では一般の人にとって"信任"の"信"と"书信"の"信"は異なる二語であって、これは一つが二つに分かれた例です。

　では次に、二つが一つに合わさった例を見てみましょう。この現象は、語の他にもフレーズや文でも見られます。

　"大车"「荷車」："大车"「荷車」は、"大树"「大きな木」とは違って、"一辆小大车"「一台の小さな"大车"（荷車）」と言うことができます。"一棵小大树"「一本の小さな"大树"（巨木）」は論理的に矛盾します。大型の車がすべて"大车"と呼ばれるのではなく、「役畜が引いている二輪または四輪の積載車」が"大车"「荷車」と呼ばれるのです。これと同様に、"轮椅"「車椅子」とは車輪の付いている椅子がすべて"轮椅"と呼ばれるのではなく、「病院用、障害者用のもの」を"轮椅"「車いす」と呼ぶのです。

　"有意思"「面白い」：この語の意味は"有＋意思"「意味が有る」ではありません。"这些话有意思"と言いますけれど、そもそも意味のない話なんてあるのでしょうか。"有意思"の統合された意味は「面白い、興味深い」ということです。この統合による意味がないとしたら、"有意思"は面白

173

くありませんね。

　"学不成"「習得できない」：近代中国語においては、たとえば"学书不成，学剑又不成"「書を学びて成らず、剣を学びてまた成らず）のように"学而不成"「学びて成らず／勉強しても物にならない」という意味でした。現代中国語では"学"「学ぶ」と"不成"「〜ならない」は統合して一体化し「習得できない」を意味します。

　"为什么不试一试？"「どうして試してみないの？」：これは否定疑問文ですが、「提案」を表しており、相手に試してみるように提案しているのです。これは「疑問」と「否定」が統合した結果であり、「提案」は統合後に生じた新しい意味なのです。

言い間違いにおける統合現象

　言い間違い、英語ではslips of the tongue「口の滑り」と言いますが、ここからも言語生成の心理的メカニズムを明らかにすることができます。かつてアメリカ言語学会の会長を務めたこともあるフロムキン (V. Fromkin) は1971年に雑誌 *Langage* で有名な論文を発表して、言い間違いの研究とは「不正常な」言語表現から「正常な」言語心理を明らかにする作業だと述べています。言い間違いの中には「揉み合わせ」による言い間違いがあります。これは二つの選択候補から、それぞれ一部分ずつ取って一つの成分に揉み合わせた結果生じる言い間違いを指します。このような言い間違いは、形態素、語、フレーズ、文などあらゆるレベルで生じます。例えば、以下のような例があります。

　　搭 [dā] ／ 接 [jiē] 一下茬！　→　jiā 一下茬！
　　　「何か続けて言いなさい！」
　　没想到他落到这个田地 ／ 地步　→　没想到他落到这个田步
　　　「彼がこんなに落ちぶれるとは思わなかった」
　　看不出 ／ 想不到你还这么残忍　→　看不到你还这么残忍
　　　「あなたがこんなに残酷だとは思いもしなかった」

更不吃你的一套 / 不买你的账了 → 更不吃你的账了
「君のその手には乗らないよ」

　一つめの例は、話し手が"搭一下茬"と"接一下茬"を言い迷ったために、"搭"の韻母 -a と"接"の声母と介音 ji が揉み合わさって、jia になってしまったという例です。これは形態素もしくは語のレベルで生じた揉み合わせ現象です。他の三例は複合語、フレーズそして文のレベルで生じています。
　他にも"推介"「広め紹介する」という語は"推广"「広める」と"介绍"「紹介する」の揉み合わせであり、"建构"は"建立"「打ち立てる」と"构造"「構成する」の揉み合わせでできた語です。"推介"、"建构"は言い間違いとは見なされませんが、これらの語と揉み合わせによる言い間違いの心理的なメカニズムは同じものです。英語にもこのような揉み合わせによる語構成があります。たとえば、smog「スモッグ」= smoke「煙」+ fog「霧」、brunch「ブランチ」= breakfast「朝食」+ lunch「昼食」などですが、中国語と比べればその数はずっと少ないです。外国人留学生が中国語を学ぶときにも、揉み合わせによる誤用が少なくありません。たとえば次のような誤った例文がそうです。

　＊你是不是灵魂还是人？
　是不是灵魂「霊魂なの？」+是灵魂还是人「霊魂、それとも人？」

　＊看电视轻松轻松一下。
　轻松轻松「ちょっとリラックスして」+轻松一下「ちょっとリラックスして」

　＊对家务没什么感兴趣。
　没什么兴趣「あまり興味がない」+不感兴趣「興味を覚えない」

　＊他当小张的面前露出一脸骄傲的神色。
　当着小张的面「張くんの前で」+在小张的面前「張くんの前で」

＊茉莉花茶、菊花茶也好喝是好喝，可是还没习惯的人不太喜欢喝。
 茉莉花茶、菊花茶也好喝「ジャスミン茶、菊花茶もおいしい」
 ＋茉莉花茶、菊花茶好喝是好喝
 　「ジャスミン茶、菊花茶はおいしいにはおいしい」

　一つめの例は"是不是灵魂"と"是灵魂还是人"の揉み合わせ、その次の例は"轻松轻松"と"轻松一下"の揉み合わせによる誤りですね。他の例についても皆さんで分析してみてください。
　実は、中国人でも日常生活でこのような言い間違いをしょっちゅうしています。話し手が揉み合わせの言い間違いをしたと意識しなければ、聞き手のほうも別に不自然さを感じないことさえあります。たとえば、下の例で

　　上头说了：管你该管的事你管，不该管的当由企业管就放给企业……
　　「上司が言うには、自分でやるべきことは自分でやり、やるべきでないことは企業に任せて…」

　ここで"管你该管的事你管"は"管你该管的事"「あなたがやるべき事をやりなさい」と"你该管的事你管"「あなたがやるべき事を、あなたはやりなさい」を揉み合わせてしまった言い間違いなのですが、このような言い方ゆえに強い表現力が加わったと言えるかもしれません。

　　在新的规范没有公布之前……　「新たな規範が公布されないうちに…」

　『現代漢語詞典』第五版が出版されて間もない頃、序文でこのように表現されていました。すると、ある人が電話で「この文は間違いである。"在新的规范没有公布时"（新たな規範が公布されていない時に）もしくは"在新的规范公布之前"（新たな規範が公布される前に）と修正すべきだ」と言ってきました。実は、これと同じような揉み合わせの表現は現にたくさん受け入れられているのです。たとえば、"出于意料之外"「予想外のことに」は"出于意料"「予想を超えて」と"于意料之外"「予想外に」の揉み合わ

せですし、"除了这件事之外"「この件のほかに」は"除了这件事"「この件を除く」と"这件事之外"「この件以外に」の揉み合わせなのです。とは言うものの、上掲の序文の該当箇所は、現在は修正されています。

　もう一つの言い間違いは「つなぎ合わせ」タイプで、前後に隣り合っている二つの語から一部分ずつを切り取り一つに接合して言ってしまうものです。このような言い間違いも様々なレベルで起きます。たとえば、次のようなものです。

　　　値五 [wu^{214}] 块 [kuai^{51}] 吗？　→　値wu^{51} 吗？ 「5元の価値があるか？」
　　　政府应该采取冷静、理智的态度。 → 政府应该采取冷智 ―冷静、理智的态度。 「政府は冷静かつ理性的な態度をとらなければならない」

　"五"からは声調を除いた音節wuを、"块"「元」からは声調[51]を取って、つなぎ合わせてwu[51]と言い間違ったり、"冷静"「冷静」と"理智"「理性的」をつなぎ合わせて"冷智"と言い間違ったりしています。趙元任先生が挙げた「混成語」(telescoped compounds)、たとえば"留学学生"「留学学生」→"留学生"「留学生」、"陆军部部长"「陸軍部部長」→"陆军部长"「陸軍部長」や、同じ助詞が連続する場合の「同音省略」(cannibalism)、たとえば"已经去了了"→"已经去了"「すでに行った」、"那个卖菜的的筐子"→"那个卖菜的筐子"（あの野菜売りのかご）なども、全てつなぎ合わせによる現象です。

　言い間違いは人間が言語を生み出すときの心理的なメカニズムを明らかにしてくれます。であれば、「揉み合わせ」や「つなぎ合わせ」による言い間違いが大量に存在するという事実は、言語における統合という現象が心理的実在性(psychological reality)を備えているということを証明するものです。

分析のみならず統合を論じる必要性

　一世紀来、中国の文法学は基本的に『馬氏文通』の道に沿って歩みを進め、西洋の分析法を参考とし、「文法分析」がほぼ「文法研究」の同義語

となりました。文法学史上の大きな論争は、分けられるかどうか、どう分けるのかという問題を巡って起こったものばかりでした。まず、単位の分け方について、語と形態素、そして語とフレーズはどう分けるか、単文と複文はどう分けるか…という問題が議論されました。次に、分けられた単位に対しての分類問題です。実詞は分類できるのかどうか、またどう分類するか：文法成分は幾つに分類したらよいか、主語と目的語はどう分けるか等々、この他にも階層分析法、変換分析法、意味成分分析法などの分析法をめぐる議論があって、上位分類のもとに下位分類がなされ、たとえば一つの"的"が三つに分類されたりしてきました（訳注：朱徳熙 1961 など）。つまりこの百年来、文法研究の分野において私たちが行なってきた仕事を一言でまとめれば「分析、分析、再分析」でした。文法研究の進歩とは主として分析の広さと深さにおける進展、そして分析方法の改善でした。

そもそも『馬氏文通』が中国語の文法研究を最初から誤った方向へ導いたという人がいますが、私は、『馬氏文通』によって分析法が導入されたことで、文法構造に対する認識が大きく深まったし、その分析法は中国語の文法にも基本的に適用できたと考えています。形態素から文に至るまで、中国語も大小様々な単位に分けることができます。実詞も異なるグループに分類できますし、文も階層分析法によって異なる文法成分に分けることができます。これらの分析は、私たちの語感とほぼ一致していました。文法を論じようとすれば、分析は必要不可欠なものであるし、分析を通じて全体を構成する各部分の差異を見つけ出すことは、確かに全体の性質を捉えることに役立ちます。もちろん多くの困難に遭遇し、截然と分けられない場合も多くありましたが、だからと言って中国語が混沌としたままで、右も左もわからないままであったと言うことではありません。呂叔湘先生の言葉に良い喩えがありました。「中高緯度の地域は、赤道地域のように昼と夜がさっと入れ替わるということはなく、夜明けと黄昏の時間が比較的長いけれど、だからと言って昼夜の区別がないわけではない。『小さな差異』がたくさん集まることで『大きな差異』が生まれるのだ（訳注：呂叔湘 1979 pp. 11-12)」つまり、厳密に分析を加える伝統が無かった中国の文法研究において『馬氏文通』が西洋語の文法分析法を導入したという功

績は大きなものだったのです。馬建忠が「中国語文法の勇敢なパイオニア」であり、梁啓超をして『馬氏文通』が「空前の大作」であると言わしめた理由はこの点にあるのだと思います。

　ただその一方で、ひたすら分析するばかりで統合を論じることがなければ、好ましくない結果が二つもたらされるであろうことに注意をせねばなりません。一つは文法の概括性が失われること、もう一つは文法の解釈力が弱まってしまうことです。

　まず、下位分類という方法を例にして前者を説明しましょう。

　　a. 在黑板上写字「黒板に字を書く」
　　　　→　把字写在黑板上「字を黒板に書く」
　　b. 在飞机上看书「飛行機で本を読む」
　　　　→ *把书看在飞机上「*本を飛行機に読む」

　aとbの構文変換における差異を説明するため、"写"「書く」と"看"「見る」を分け、それぞれ動詞の下位類 VaとVbとして、Vaには「付着」の意味があり、Vbには「付着」の意味がないとします。以下のような二文にも同じような分析が適用されました。（訳注：朱徳熙1981を参照）

　　a. 给校长写了一封信「校長に手紙を書いた」
　　　　→　写给校长一封信「校長に手紙を書いて送った」
　　b. 给爸爸炒了一个菜「父に料理を作った」
　　　　→ *炒给爸爸一个菜「*父に料理を作って送った」

　ここでも"写"「書く」と"炒"「炒める」を動詞の下位類 $V_甲$と$V_乙$に分け、$V_甲$には「付与」の意味があり、$V_乙$には「付与」の意味がないとします。これまでaとbの違いはこのように説明されてきました。（訳注：朱徳熙1979を参照）

　もちろん、上掲の例文ペアの間には対応関係が存在し共通点もあります。しかし、動詞に下位分類を行なうだけでは、この対応性と共通性を説明し

たことにはなりません。上述の分析によると、動詞"写"には「付着」と「付与」という二つの意味特徴が与えられていますが、また別の分布特徴に基づくならば更に多くの意味特徴が与えられることになってしまいます。このようにして行くと、最終的には、一つの動詞で一つの類、すなわち動詞の数だけ下位類がある、というようなことになってしまいます。なぜならば、文中における分布と意味特徴が完全に同じ動詞など存在しないからです。ここで誤解しないでいただきたいのは、私は動詞の下位分類を行うことに反対しているわけではないということです。幾つかの重要な下位類には分類するだけの価値があり、分類することで効果が上がります。そもそも文法研究の目的は、簡単な規則で複雑な言語現象を説明することであって、動詞を下位に分類するのもこの動機によったものでしょう。しかし、ひたすら下位分類をし続けることで、逆に良からぬ結果がもたらされ、最終的には文法の概括性が失われてしまうのです。その意味で、ひたすら分類し続けるのは良くないと述べているのです。

統合という面からこれを見直せば、状況は大きく変わってきます。矢印の両側にある二種類の構文がそれぞれどのような構文としての意味を持っているのか、またこのような構文的意味の形成にはどのような一般的ルールがあるのか等がクローズアップされてきます。この問題について、私は1999年に発表した《"在"字句和"给"字句》という拙論において集中的に論じましたので、ご参照ください。

では次に、ひたすら分析を行うことで文法の解釈力が弱まるということについて述べます。"大胜"「大勝」と"大败"「大敗」がペアになっている下の例をご覧ください。

中国队大胜美国队　「中国チームはアメリカチームに大勝した」
中国队大败美国队　「中国チームはアメリカチームを大敗させた」

この二文はどちらも「中国チームは大勝、アメリカチームは大敗」という意味を表わしています。従来の分析では、"胜"と"败"を異なる下位類 Va と Vb に分け、"胜"を Va、"败"を Vb とします。分布上の違いは以

第六講　なぜ言語における統合現象を研究するのか

下のようになります。

　　中国队大胜美国队「中国チームはアメリカチームに大勝した」
　　　＝中国队大胜「中国チームが大勝」
　　中国队大败美国队「中国チームはアメリカチームを大敗させた」
　　　＝美国队大败「アメリカチームが大敗」

　意味の面から言えば"败"には使役義「負かす」があるが、"胜"には使役義「勝たせる」が無いというわけです。このような分析は一見役に立ちそうですが、"大败"の"大"を"惨"や"惜"に入れ替えた途端に状況が変わってしまいます。

　　中国队惨败美国队「中国チームはアメリカチームに惨敗した」
　　　＝中国队惨败「中国チームが惨敗」
　　中国队惜败美国队「中国チームはアメリカチームに惜敗した」
　　　＝中国队惜败「中国チームが惜敗」

　上の二つの例文は新聞のスポーツ欄の見出しに見られるようなものですが、意味が正反対になって、アメリカチームの負けから中国チームの負けに変わってしまいます。"败"がVbに属する以上は"败"を中心に拡張することで形成された"大败"は自ずとVbの性質を維持していましたが、では何故同じ拡張によって形成された"惨败"は性質が変化してしまうのでしょうか。文全体から"大败"と"惨败"の違いを見なければ、この現象を正しく解釈することはできません。

　続いて"笑死"という構造を見てみましょう。これは動詞"笑"「笑う」の後ろに、程度を強める補語"死"「死ぬほど」がついたものです。

　　怡静说："我要被中国男人笑死了。"「怡静は言った：中国人男性には笑わせられるわ」

登場人物の怡静は外国に長く住んでいる女性です。私がこのくだりを読んだとき、怡静が何かおかしなことをしでかして、中国人男性に笑われるのを心配しているのだと思いました。一体彼女が何をしでかしたのか知りたくて読み続けてみると、なんと後続の文では「彼女を死ぬほど笑わせたのは、中国人男性の性に対する意識であった」と書かれていたのです。この時になってやっと、この文は中国人男性が怡静に笑われたことを意味するのだと分かりました。これは"笑死"には意味が二つあることを教えてくれています。一つは使役の意味を持たない"笑"「笑う」であり、中国人男性が怡静を笑うことです。もう一つは使役の意味を持つ"笑"「笑わせる」であり、中国人男性が怡静に笑われることです。ここで問題となるのは、単独の動詞"笑"にはふつう使役用法がなく、"中国男人笑怡静"は「中国人男性が（怡静のことを）笑う」としか解釈されないということです。もし"笑死"の意味が"笑"の意味と"死"の意味の足し算で、「笑いの程度が深い／死ぬほど笑う」を意味するのであれば、"笑死"に使役の意味が存在するはずがありません。このことから、補語"死"は程度の深さを表すだけではなく、"笑"と統合して"笑"に新しい意味「笑わせる」を加えるのだと分かります。このような現象は、"追累"のような組み合わせにおいて、もっとはっきりします。

　　张三追累了李四。
　　a. 张三追李四, 张三累了。　「張三が李四を追いかけ、張三が疲れた。」
　　b. 张三追李四, 李四累了。　「張三が李四を追いかけ、李四が疲れた。」
　　c. 张三使李四追, 李四累了。　「張三が李四に追わせ、李四が疲れた。」

　この文には上記のa・b・c三つの意味があり、bとcには「李四を疲れさせる」という意味がありますが、"追累"がこのような意味を持つのは不思議ではありません。なぜなら"累"には本来「疲れさせる」という使役の用法があるからです。たとえば、"这活儿真累人"「この仕事は本当に人を疲れさせる／この仕事には本当に疲れる」、"你就累我一个人了"「あなたは私一人だけを疲れさせた」、"张三累着了李四"「張三は李四を疲れ

させた／張三のせいで李四は疲れた」などがその例です。不思議なのは、cに「李四に追わせる」という読みがあることです。つまり、李四が追うように張三がけしかけた結果、李四は息切れしてしまったという場面です。しかし、動詞"追"には本来使役の用法はなく、"张三追李四"であれ"追人"であれ、「追わせる」という意味があるはずはないのです。このことから使役の意味「追わせる」は"追"と"累"が結合して"追累"という全体になることで新たに生じた意味だと言えるのです。"追累"に似た例として、次のようなものがあります。

　　（你老让我吃）你都吃腻了我了。
　　「（あなたが私に食べさせてばかりで）私を食べ飽きさせた
　　　　→あなたのせいで、私は食べ飽きた」
　　（你老让我唱）你都唱烦了我了。
　　「（あなたが私に歌わせてばかりで）私を歌いたくなくさせた
　　　　→あなたのせいで、私は歌いたくなくなった」
　　（你老让我喝）你都喝醉了我了。
　　「（あなたが私に飲ませてばかりで）私を酔わせた。
　　　　→あなたのせいで、私は酔ってしまった」

"腻""飽きる"、"烦""煩わしい"、"醉""酔う"などの動詞には、もともと"腻人"「人を飽きさせる」、"烦人"「人を煩わせる」、"醉人"「人を酔わせる」のように使役の用法があります。そのため"吃腻"などに「食べ飽きさせる」等の意味があっても不思議はありません。不思議なのは、やはり"吃"「食べる」、"唱"「歌う」、"喝"「飲む」などは本来使役の用法を持たないのに、これらの例文が「食べさせて、歌わせて、飲ませて」などの意味を表すことです。

　構成的な意味論 (compositional semantics) では、語句の意味は各構成部分の意味から導き出せると考えますが、この考え方では先に"大败"、"惨败"で見たように完全には適用することができませんし、"笑死"、"追累"について言えば、端からまったく使えません。明らかに、全体が部分の総

和よりも大きくなっているからです。要するに、分析ばかりを論じて統合を論じないために、文法の解釈力が弱まっているのです。後ほど"追累"の「追わせる」という意味が、如何にして"追"と"累"という二つの概念統合を経て形成されたのかについて説明しますが、"追"は原因、"累"は結果なので、このような統合は「因果統合」と呼べるものなのです。

　ここで強調しておきたいのは、いま私が統合を論じているのは、単なる伝統への回帰、つまり『馬氏文通』以前の昔のやり方に戻ることを主張しているわけではなく、「否定の否定」、「螺旋状の発展」なのです。先ず第一に、統合を論じる時、過去の分析によって得られた成果を全面的に否定してはいけません。過去の分析を基礎として統合を論じ、それによって分析法も改善するようにすべきです。第二に、統合が大事だと声高に言うだけではなく、実際に結果を出さねばなりません。足音だけは響いているが、人の姿が見えてこないのでは困ります。一体全体どのように統合するのか、はっきりと道筋を見せなければなりません。たとえば、中国語では意味的な統合が重視されるとよく言われますが、ではどう統合されるのか、私たちはまだちゃんと説明できていません。西洋の文法研究は長い間かけて分析を重視してきましたが、一部の研究者はすでに統合の重要性に気がつき、統合法の研究において多くの研究成果を収めはじめています。我々も改めて考えなおしてみる必要があります。

二種類の統合—「揉み合わせ」と「つなぎ合わせ」

　私は言語における統合現象を「揉み合わせ」と「つなぎ合わせ」という二つのタイプに類型化しました。揉み合わせとは、二本の縄からそれぞれ一部を抜いて縒り合わせ、新しい縄を一本作るようなものです。つなぎ合わせとは、二本の縄からそれぞれ一部分を切り取って、つなぎ合わせて新しい縄を一本作るようなものです。この2タイプの統合は語構成、文構成のどちらにも存在しています。

　まず、語構成から見てみましょう。"墙脚"「壁の底部」、"炕头"「オンドル式ベッドの焚き口側」は揉み合わせタイプの語構成ですが、"归侨"「帰国した華僑」、"外贸"「対外貿易」はつなぎ合わせタイプの語構成です。"墙

脚"を例にとると、"人"「人」——"人体底部"「人体の底部」が一本の縄であり、"墙"「壁」——"墙体底部"「壁の底部」がもう一本の縄となります。「人体の底部」という概念にはすでに"脚"「脚」という単語があるので、簡単な単語を用いて描写的に「壁の底部」という概念を表すために、一本の縄から"墙"という一部と、もう一本の縄から"脚"という一部を抜き取って揉み合わせることで"墙脚"という単語が生まれたのです。こうして言語の中に完全なa：b＝x：yの比例式が形成されます。

　　　a. 人「人」　　　b. 人体底部「人体の底部」（　脚　）
　　　x. 墙「壁」　　　y. 墙体底部「壁の底部」（　φ　）← xb 墙脚

　"归侨"「帰国華僑」を例にすれば、"回归祖国"「祖国に帰る」と"旅居国外的中国人"「海外に居留する中国人」は、それぞれ概念を代表する縄として"归国"「帰国する」"华侨"「華僑」という単語を持っています。そこで簡単な単語を用いて「帰国した華僑」という概念を表すために、縄の一部分である"归"「帰る」ともう一本の縄の一部分である"侨"「僑」をつなぎ合わせて"归侨"という単語が形成されるのです。

　　　回归祖国（归国）　　　＋　　　旅居国外的中国人（华侨）　→　归侨
　　　「祖国に帰国する（帰国する）」＋「海外に居留する中国人（華僑）」
　　　　→「帰国華僑」

　"归侨"や"外贸"の組合せは「略語」であって、本質的にはフレーズであるという説もあります。しかし呂叔湘先生は「数多く存在するいわゆる略語の構成法は、一般の複合語と何ら異なるところはないのであって、両者を明確に区別するのは難しい」（訳注：呂叔湘1963を参照）と述べておられます。つまり縮略法は、中国語において重要な複合造語法の一つなのです。
　"的姐"「女性タクシー運転手」のような語の構成方式は、まず揉み合わせてからつなぎ合わせをしたものです。先に"的士"「タクシー」と"哥哥"

「兄：男性」をつなぎ合わせて"的哥"「男性タクシー運転手」にします。次に"的哥"と"姐姐"「姉：女性」を揉み合わせて"的姐"とするのです。

　揉み合わせとつなぎ合わせを区別するうえで最も重要なのは、統合に関与する二つの概念が「類似」関係なのか、それとも「相関」関係なのかということです。1つの概念が ab、もう1つの概念が xy とする場合、もしも a と b の関係が x と y の関係に対応していれば、a：b＝x：y の比例式を形成し、ab と xy が「類似」関係にあると言えます（しかし両者は相関関係であるとは限りません）。このような統合は揉み合わせに属するものです。"人"「人」——"人体底部"「人体の底部」と"墙"「壁」——"墙体底部"「壁の底部」の間にはこのような類似性が存在するので、"墙脚"「壁の底部」は揉み合わせによる語構成なのです。次に、もし ab と xy の間に概念上何らかの繋がり、つまり交差もしくは包含関係があれば、形成されるのは ab〜xy の線形チェーンであり、ab と xy が「相関」関係であると言えます（しかし両者は類似関係であるとは限りません）。このような統合はつなぎ合わせに属するものです。"回归祖国"「祖国に帰る」と"旅居国外的中国人"「海外に居留する中国人」の間には、このような相関性が存在するので、"归侨"「帰国華僑」はつなぎ合わせによる語構成だと言えます。

　では次に、文の構成法を見ていきましょう。例を挙げると"这个外科医生又操起了屠宰刀"「この外科医はまた屠殺刀を手に執った」は揉み合わせタイプの構文、"他被后面的司机按了一喇叭"「彼は後ろの運転手にクラクションを鳴らされた」はつなぎ合わせタイプの構文ということになります。

　　　这个外科医生又操起了屠刀。「この外科医はまた屠殺刀を手に執った」

　この文では二つの事態が統合されています。一つは"外科医生施手术刀于病人"「外科医が患者にメスを用いる」で、もう一つは"屠夫施屠宰刀于猪羊"「屠殺業者が家畜に屠殺刀を用いる」です。この二つの事態には類似性がありますが、相関性はないため、揉み合わせ構文です。

他被后面的司机按了一下喇叭。
　「彼は後ろの運転手にクラクションを鳴らされた」

　この文でも二つの事態が統合されています。一つは"他被后面的司机警告""彼は後ろの運転手に警告された」で、もう一つは"后面的司机按了一下喇叭"「後ろの運転手がクラクションを鳴らした」です。この二つの事態には相関性がありますが、類似性はないため、つなぎ合わせ構文です。
　以上の例から次のことが見えてきます。まず「揉み合わせ型統合」はメタファーと関係があるということです。メタファーとは、ある一つの概念でもう一つの類似した概念を描写することです。例えば"屠夫宰杀猪羊"「屠殺業者が家畜を殺す」によって"外科医生给病人动手术"「外科医が患者に手術をする」ことを描写します。そこで「揉み合わせ型統合」は「メタファー型統合」とも言えます。次に「つなぎ合わせ型統合」はメトニミーと関係があります。メトニミーとは、一つの概念でもう一つの相関する隣接概念を指すことです。例えば"在后面按一下喇叭"「後ろでクラクションを鳴らす」で"警告一下前面的人"「前の人に警告する」ことを指します。そのため「つなぎ合わせ型統合」は「メトニミー型統合」とも言えるのです。揉み合わせとつなぎ合わせ、メタファーとメトニミー、これらは全て人間の一般的な認知方式に属するものです。

文法システムの簡略化

　ここまで述べてきた話の内容から、統合がもたらすメリットをおおよそ見ていただけたことでしょう。統合によって文法の解釈力、さらには文法の概括性を強化することができるのです。とりわけ語構成と文構成の間で平行している現象に対して、統一的な説明を与えることができるため、文法システムをシンプルにすることができます。この点は、語とフレーズ、フレーズと文の間の境界線が本来さほど明確でない中国語にとって、特に重要です。
　文法システムの簡略化を軽視するわけにはいきません。文法体系を打ち立てるとき、簡略さは厳密さと同様に重要なのです。もし私たちが発見し

たある理論によって、言語現象に対する説明がより複雑になり、構造の分析図がより繁雑になったとすれば、その理論には根本的な欠陥があると考える必要があります。

　もう一つ別の例を追加して、この点を強調しておきましょう。"我不买他的账"「私は彼のことなど認めない」、"你别挑他的眼"「彼のあら捜しをしないで」のような例文をご覧ください。このような文はよく「形式と意味のミスマッチ文」と言われます。形式上"他的"「彼の」は後ろの名詞にかかる連体修飾語なのですが、意味的には後ろの名詞を修飾していません。似たような例は他にもたくさんあり、例えば"他的老师当得好"「彼は良い教師だ」、"老王是去年生的孩子"「王さんは去年子供が生まれた」などもそうです。「生成文法」では、このような文を分析する際も、すべて文は基本構造が構成成分の移動や修正などの文法操作を経ることによって派生したと考えます。統合の立場から見れば、このような文は「揉み合わせ型統合」の産物であると言えます。

　　我不买他的账
　　a. 我不领情　　　　　　　b. 我不领他的情
　　　「好意を受け取らない」　　「彼の好意を受け取らない」
　　x. 我不买账　　　　　　　y.（φ）← xb 我不买他的账
　　　「能力を認めない」　　　　「彼の能力を認めない」

　bとxからそれぞれ一部分を抜き取って結合するとxb、つまり"我不买他的账"になります。その文をyの位置に入れるとa：b＝x：yの比例式が成立します。ここで注意しておきたいのは、これは前に述べた"墙脚"「壁の底部」の生成方式と同じであるということです。

　このような説明には大きなメリットがあります。それは二つの文法操作を一つにすることができるということです。"买账"「能力を認める」、"挑眼"「あらを探す」などは動詞＋目的語の構造ですが、"我不买他的账"、"你别挑他的眼"などの動目構造だけでなく、"慷慨"「気前よくする」、"提醒"「注意する」や"静坐"「座り込む」なども同じように言うことが可能です。

例えば"別慷我的慨""私に気前よくするな"、"不用你提我的醒""あなたに言われるまでもない"、"你静你的坐，我结我的婚""あなたは座り込みしてなさい、私は結婚するから"などがそうです。このような表現も実は「揉み合わせ型統合」の産物で、違うのは揉み合わせを二回行なったというだけのことなのです。"別慷我的慨"を例にとってみましょう。

別慷我的慨。
a.（很）费钱　　　　x. 费（很多的）钱　　　m. 费我的钱
「（とても）お金を使う」「（多くの）お金を使う」「私のお金を使う」
b.（很）慷慨　　　　y. 慷（十分的）慨　　　n. 慷我的慨
「（とても）気前よい」「（十分に）気前よい」「私に気前よくする」

　一回めの統合はxとbが揉み合わされてyになること、つまり"慷慨"が動目構造の"费钱"から類推されて、動目構造に変わってしまいます。二回めの統合はmとyが揉み合わされてnになること、つまり"慷我的慨"が"费我的钱"からの類推によって得られるのです。しかし、生成文法の方法論だと二つの統語操作を仮定しなければなりません。一つは類推――まず類推によって"慷慨"が動目構造になることを認めないわけにはいきません。二つめは派生――最後に"慷我的慨"を形成するために移動と修正を仮定するのです。一つの操作で説明できる現象に対して二つの操作は必要ありません。文法をシンプルにできることは、統合がもたらす大きなメリットです。

統合と「文法化」

　統合というアプローチは、文法の形成や歴史的変化を論じる上で、どんなメリットがあるでしょうか。ここでは統合の観点から文法化のメカニズムがどのように見えるかについて論じてみます。いわゆる「文法化」とは、実詞が虚詞に、あるいは新しい文法形式に転じる産出の過程であり、いわゆる「メカニズム」とは自然と繰り返される順序もしくは方法のことです。文法化のメカニズムについて、構造の「再分析」（reanalysis）であると

考える人もあれば、構造の「類推」（analogy）であると考える人もいます。しかしながら、再分析はつなぎ合わせ型統合によって、類推は揉み合わせ型統合によって実現するものであり、さらに多くの文法化現象に対して、どんなメカニズムが作用しているのかは私たちの観察する角度によって決まるのだということを説明したいと思います。

　たとえば"既"が時間を表す副詞（"已経"「すでに」に相当する）から原因を表す接続詞（"既然"「〜したからには」の意味）へ転じることについて、通常は再分析を用いて説明されます。

　　a. 未見君子，忧心忡忡。既見君子，我心則降。【時間】
　　　「未だ君子を見ざれば、憂心忡忡たり。既に君子を見れば、我が心則ち降らん」『詩経・小雅』
　　b. 既来之，則安之。【時間／原因】
　　　「既にこれを来たせば、則ちこれを安んず」『論語・季氏』
　　c. 既能来至道場中，定是愿聞微妙法。【原因】
　　　「既に道場に来たのだから、必ず微妙法を聞きたい」『敦煌変文集・三身押座文』

　aの"既"は時間を表す副詞、cの"既"は原因を表す接続詞であり、その間に存在するbの"既"は時間を表す副詞とも原因を表す接続詞とも理解できます。このように過渡期の段階を見つけ出すことができるため、この変化のメカニズムはメトニミーであり、「先に起こった事」で「後に起こった事の原因」を指すようになったと言うことができます。統合の角度から言えば、この二つの隣接概念はつなぎ合わせを経て一つになったのであり、接続詞"既"はつなぎ合わせ型統合の産物と言えます。しかし別の角度から見れば、「先に起こった事：後に起こった事＝原因：結果」という類比関係が存在するため、この変化過程は類推であり、メタファーであるとも言えます。統合の角度から言えば、この二つの類似概念は揉み合わせを経て一つになったのであり、接続詞"既"は揉み合わせ型統合の産物とも言えるのです。

第六講　なぜ言語における統合現象を研究するのか

次に"許"の虚化を見ていきましょう。

　　a. 你不許回家。　「あなたが家に帰ることは許さない」
　　b. 他許是回家了。　「彼はもしかしたら家に帰ったかもしれない」

aの"許"は"允許"「許す」を表わし、bの"許"は"或許"「もしかしたら」を表わします。通常"或許"の意味は、"允許"の意味がメタファーもしくは類推を経て得られたものだとされます。それは"允許"の概念構造と"或許"の概念構造が類似性、つまり「抵抗力に打ち勝つ／克服する」を共有しているためです。

　"允許"：ある人が、ある行動をとったために受けた抵抗力が克服される
　"或許"：話し手が、ある結論を出したために受けた抵抗力が克服される

"允許"が克服し、打ち勝つのはある事を行う抵抗力であり、比較的具体的ですが、"或許"が克服し、打ち勝つのは結論を出す抵抗力であり、比較的抽象的です。ここでは、具体的な前者から抽象的な後者へのメタファーが生まれています。統合の角度から見れば、"許"の"或許"の意味はまさにこの二つの類似概念を揉み合わせた産物です。しかし、また別の角度から見れば、この虚化過程はメトニミーもしくは再分析でもあります。なぜならば、「結論を出す」のもある種の「行為」であり、広義の行為であるため、「行動の抵抗力に打ち勝つ」のと「結論の抵抗力に打ち勝つ」は概念上の隣接性があるからです。統合の角度から言えば、"許"の"或許"の意味はまさにこの二つの隣接概念をつなぎ合わせた産物なのです。

さらに続けて、アスペクト助詞"了"の形成について見てみましょう。近代中国語の研究者の中には、"了"は再分析を経て形成されたと考える人もいます。

　　　　　V ＋ O ＋ 了 [liǎo]　→　V 了 [le] ＋ O
　　　　　拜 ＋ 舞 ＋ 了 [liǎo]　→　拜了 [le] ＋舞

191

"拜＋舞"（ひざまずき踊る）と"事了[liǎo]"（〜し終える）、この二つのイベントがまず統合して一つの連動構造"拜舞＋了[liǎo]"となります。この段階で連動構造の前後二つの部分はまだ切り離すことができます。さらに統合が進むと"拜了[le]＋舞"が形成され、"了"は動詞からアスペクト助詞に変化することで、前の動詞"拜"と一体化します。ここから明らかなように、再分析とは「つなぎ合わせ型統合」を経て実現したものなのです。また、"V 了 O"は類推を経て形成されたものであり、それは既に古代漢語に存在していた"V 却 O"に倣って類推した結果であると考える人もいるでしょう。しかし類推とは二つの概念の揉み合わせによって実現するものなのです。ここで下の類比関係を使って示してみます。

   a. VO 却 b. V 却 O
   x. VO 了 y.（ φ ）← xb V 了 O

これこそ正に「揉み合わせ型統合」であると言えます。つまりアスペクト助詞"了"の形成はつなぎ合わせ型統合と揉み合わせ型統合が互いに作用してできた産物なのです。

再分析と類推がそれぞれ概念のつなぎ合わせと揉み合わせによって実現されている以上、文法化のメカニズムと制約条件についてより深く探究するためには、概念のつなぎ合わせと揉み合わせについて考察を深めねばなりません。

統合による「出現意味」

統合を経て生じる意味を「出現意味」（emergent meaning）と言います。出現意味とは新しく創り出される意味であり、統合はその創造の源泉です。日常生活の中でも、このような例は数多く存在しています。

  上了一次中岳嵩山。这里运载石料的交通工具主要是用人力拉的排子车，特别处是在车上装了一面帆，布帆受风，拉起来轻快得多。帆本是船上用的，这里却施之陆行的板车上，给我十分新鲜的印象。

第六講　なぜ言語における統合現象を研究するのか

　「嵩山に登った。そこで石材を運搬する交通手段は、主に人力で引っ張る荷車である。特別なのは荷車の上に帆を取り付けていることである。布帆が風を受けると、引っ張るのがずっと楽になる。帆はもともと船で使うものだが、そこでは陸上の荷車に使っていたため、私はとても新鮮な印象を持った。」

　これは汪曾祺の散文『随遇而安』にある描写です。荷車と帆船の統合はまさに新しく創り出されたものであり、「引っ張るのがずっと楽になる」、「私に新鮮な印象が残った」は統合後の出現意味です。
　また、ある年、たくさんの若者が春節の前に急いで結婚しようとして、結婚手続きの窓口に長い列ができたことがありました。その年は「酉年（とりの歳）」で、しかも伝説で言う春の来ない「寡年」だったからです（訳注：春節が立春の後になり、年明けてから春が来ないため、春が来ない年を「寡年」という）。酉年に結婚した女性は寡婦になると言われています。このような現象は「結婚年に春がない」と「克夫（訳注：妻の強い運勢が夫の運勢を抑え弱める）」という二つの概念統合であり、人々は春のない年にさえ結婚しなければ、結婚後に寡婦になることはないと信じたのです。彼らは結婚後に夫の運命を抑えたくないので、干支が変わる春節の前に急いで結婚しようとしました。この二つの概念が統合した後は、互いに因果関係を持ち、いずれが原因でいずれが結果かは分けようもありません。この因果統合による出現意味は安全感と縁起の良さです。まさにこのような出現意味があるからこそ、『北京青年報』の「今日の社評」は、このような現象を厳しく批評する時事評論家に対して、寡年に科学的信憑性が無いことを理解していても、やはりそうなる前に結婚したいと思うのは、誰しも人生の良いスタートを切りたいと考えるからであり、それは科学者も例外ではない、と寛容な態度を主張しています。
　芸術作品は統合後に生じる出現意味を更に有効に利用して、人の心を打ちます。交響楽は様々な楽器の音色を一つに統合して、心を振るわせる効果を生み出しています。絵画の透視法は3次元空間を2次元空間に統合することで、ピカソの立体主義は4次元空間（4次元とは異なる角度から同

時に一つの立体を観察すること）を2次元空間に統合することで、見る人を感動させる効果を生み出しました。たとえば作品『アヴィニョンの娘たち』において、ピカソは異なる角度から見える同一物体への異なる面（正面、背面、側面など）を一つに統合し、キャンバスという平面の中に新たな統一を達成し、全く新しい視覚像を創り出しました。科学におけるイノベーションは、多くの場合二つの異なる分野領域の交わりによる統合です。これは科学史によって実証されているところであり、ここで詳しく論じる必要はないでしょう。これらと同様に、我々が認知する二つ、もしくはそれ以上のイベントを同時に一つの線状の言語符号の序列に統合することで、一つの文は思いもよらない効果を生み出すことがあります。

　ここで"那个外科医生是个屠夫"「あの外科医は屠殺屋だ」というメタファー表現に話を戻したいと思います。これは揉み合わせによって作り出された結果です。メタファーとは、ある概念領域から別の類似する概念領域への「写像」（mapping）だと言われます。ここで一つの領域は「外科医が患者にメスを用いる」、もう一つの領域は「屠殺業者は屠殺刀を家畜に用いる」に相当します。しかし、写像だけを論じて統合を論じないのでは、なぜこのメタファーに「あの外科医は手術が下手である」という含意が生じるのかが説明できません。「庖丁牛を解く」の話（訳注：『荘子・養生主』より）を思い出してもらえば分かるように、屠殺業者の技術が悪いのではありません。この新しい含意は正に統合の産物なのです。外科医が手術を行う目的は人を救うことであり、悪くなった身体部分を切り除くのは目的を達成するための手段ですが、屠殺業者が肉を切り取るのは目的であり、殺生は目的を達成するための手段であるため、両者の目的と手段は正反対となります。しかしこの二つの概念間にはまた対応関係が存在し、「ある人Xが刃物をYに用いる」とまとめることができます。このまとめを通して、この二つの概念域はそれぞれ一部分を選び取り——つまり外科医がメスを用いる過程と屠殺業者が刀を用いる目的を——一つに統合していることが分かります。統合の後、外科医と屠殺業者は一体となり「外科医が屠殺刀を患者に用いた」という目的と手段が相対立する全体イメージ（殺生の手段を用いて、人の命を救うという目的を達成する）を人々に与えること

になります。この全体イメージが外科医の上に戻ってくることによって「あの外科医は手術が下手である」という意味が生じるのです。ジル・フォコニエ（Gilles Fauconnier）が提出した概念統合理論の目的は、まさに統合のメカニズムと制約条件を探求して、出現意味が如何にして生じるのかを明らかにする点にあるのです。

出現意味とアブダクション

　出現意味は、どのようにして立ち現れてくるのでしょうか。そして、人間は如何にして出現意味を理解するのでしょうか。これは今日の認知科学が関心を持っている核心的な問題の一つです。フォコニエがこの方面において行った考察についてはすでに紹介したので、ここでは「つなぎ合わせ型統合」の出現意味と「アブダクション」（仮説的推論 abuduction）の関係について述べたいと思います。

　まず「アブダクション（仮説的推論）」とは何かについて説明せねばなりません。これは演繹的推論とも帰納的推論とも異なる推論の方法です。ここでは主に演繹的推論との違いについて説明しましょう。演繹的推論の三段論法とは大前提と小前提から結論を導き出すものです。

　　　大前提：人はみな死ぬ。
　　　小前提：ソクラテスは人である。
　　　結　論：ソクラテスは死ぬ。

　アブダクションは結果から遡って、大前提に基づいて小前提を導き出します。たとえば「ソクラテスが死んだ」ということから「人はみな死ぬ」ことに思い至ります。そこで「ソクラテスは人である」ことを予測するのです。注意しておきたいのは、アブダクションで導き出される命題は必ずしも真ではないということです。導き出されるのは「ソクラテスは人である（かもしれない）」ということであり、そうでないかもしれません。しかし、この命題はまた「ソクラテスは死んだ」、「人はみな死ぬ」という二つの命題とも相矛盾しないのです。我々は日常生活の中でよくこのような推論を

行っています。例えば警察官が事件現場で甲の足跡を発見した場合、すぐに甲が犯人であろうと連想します。このような仮説的推論がアブダクションです。

　　前提：もしも甲が事件を起こしたならば、現場に甲の足跡がある。
　　事実：現場に甲の足跡がある。
　　推論：甲が事件を起こしたかもしれない。

　ここで言語の話に戻りましょう。先に述べたように、"学而不成"「学びて成らず」が統合して"学不成"となった後に可能の意味「習得できない」が現れてきます。"学"「学ぶ」は動作、"不成"「ものにならない」は動作の結果であり、この二つの隣接概念が統合して"学不成"となるのは「つなぎ合わせ型統合」に属します。推論の角度から見れば、可能の意味はアブダクションによる結果であると言えます。

　　前提：如果不可能学成，那么一定没有学成。
　　　　　「もしも習得できるはずがないのなら、きっと習得していない」
　　事実：说的是"学而不成"。
　　　　　「"学而不成"『学びて成らず』と言っている」
　　推論：很可能表达的是"不可能学成"。
　　　　　「言いたいことは『習得できない』かもしれない」

　アブダクションはこのように可能性を表す動補構造の否定式（"学不成"）と肯定式（"学得成"）の間にある非対称現象、つまり否定形の使用頻度が肯定形よりもずっと多く、歴史上も否定形が形成されたのは肯定形よりも早い時期だということを説明できます。これは人々が「実現していない」から「実現できるはずがない」ということを容易に推測するためです。推測の前提は「もしも実現できるはずがないのなら、実現していない」という理想認知モデルが存在することです。これに反して「もしもおそらく実現するなら、すでに実現した」という前提は成立せず、「すでに実現した」

から「おそらく実現する」を推測することなどありえないのです。

　中国語の中には、"不免、不料、不禁"など"不 X"形式の語がたくさん存在します。これらは、フレーズ"不＋X"の前後二つの成分が統合して一体となった結果です。注意すべきことは、フレーズ"不＋X"は「実現していない」ことを表しますが、統合して語となった"不 X"には可能の意味が現れるということです。

　　不免：未免除「除かない」　　→　免不了「避けられない」
　　不配：不相配「合わない」　　→　配不上「つり合わあい」
　　不定：未说定「断定しない」　→　说不定「断定できない」
　　不堪：未承受「受けない」　　→　承受不了「耐えられない」
　　不料：未料到「予測しない」　→　料不到「予測できない」
　　不支：未支持住「支えない」　→　支持不住「持ちこたえられない」
　　不禁：未禁止「禁じない」　　→　禁不住「禁じえない」
　　不谓：未说「言わない」　　　→　不能说「言えない」

　このように「実現していない」から「実現しない」を導き出しています。アブダクションが機能する範囲は"学不成"のような補語を伴う形式に限られたものではないのです。

　アブダクションが依拠する前提は一種の道理であり、常識です。これを「理想認知モデル」と呼んでいます。「もしも実現するはずがないのなら、実現しない」というのは一種の認知モデルです。もし依拠とする道理が言語の使用と関係するものであれば、このような道理は「理想語用モデル」と呼べるでしょう。たとえば前に"为什么不试一试"「なぜ試してみないのか／試してみたらどう」という発話は「疑問」と「否定」が統合して「提案」の意味が現れたものだと述べましたが、なぜ出現意味は提案であって、命令や承諾、警告などの意味ではないのでしょうか。提案の意味は如何にして導き出されたのでしょうか。それは「理想語用モデル」を前提とし、アブダクションを経て得られたものです。

前提：如果要建议对方试一试，先问一问对方为什么没有这么做。
（もしも相手に試してみるように提案するのなら、まず相手になぜそうしないのか聞いてみる。）
事実：问的是"为什么没有试一试"。
（聞き方は「なぜ試してみないのか」である。）
推論：很可能要表达的是"建议试一试"。
（伝えたいのは「試してみるよう提案する」かもしれない。）

　相手がそうしない原因を知りもしないで、相手にどうこうするように提案したとすれば、そのような提案は「不適切」です。これは言語使用の一種の定式であり、この前提は提案という言語行為（apeech act）が満たすべき「適切性条件」（felicity conditions）の一つなのです。
　ようやくここで、前に述べた"追累"の問題に戻りたいと思います。"追"「追う」には「追わせる」の意味はありませんが、なぜ"追累"に「追わせる」の意味が現れるのでしょうか。これも認知モデルとアブダクションによるのです。"张三追累了李四"において"追"「追う」は原因、"累"「疲れる」は結果であるため、この両者はよく見られる因果統合を形作ります。人を追うイベントの理想認知モデルは、追った結果、追った人、追われた人ともに疲れる可能性があるため、「李四が疲れた」結果から推測される原因は「张三が追う」もしくは「李四が追う」である可能性があります。まさに「李四が疲れた」から「李四が追う」を推測できるために、"张三追累了李四"に「追わせる」の意味が生じ、张三が李四を追わせることになるのです。では、なぜ"张三打哭了李四"からは「张三が李四に殴らせた結果、李四が泣いた」の意味を読み取りにくいのでしょうか。それは人を殴るというイベントの理想認知モデルが異なるためです。殴った結果、普通は殴られた人だけが泣くはずです。
　つまり、つなぎ合わせ型統合の出現意味は理想認知モデルもしくは理想語用モデルの基礎の上に、アブダクションを経て導き出されるものなのです。

統合過程における圧縮と後退

　圧縮と後退は統合の過程における二つの重要な方法です。まず概念の統合には必ず概念の圧縮（conceptual compression）があることを言っておきたいと思います。各種の圧縮はすべて「距離圧縮」とまとめることができ、それは時空間の距離と心理的距離とを含みます。フォコニエが挙げた例を見てみましょう。

　　50年代那个长辫子姑娘是我现在那个剪短发的妹妹。
　　「50年代のあの長いおさげの娘は、今のあの髪を短く切った妹である」
　　电影中那个长辫子姑娘是我那个剪短发的妹妹。
　　「映画の中のあの長いおさげの娘は、あの髪を短く切った妹である」
　　张三相信那个长辫子姑娘是我那个剪短发的妹妹。
　　「張三は、あの長いおさげの娘があの髪を短く切った妹だと信じている」

　この三つの文はすべて揉み合わせ型統合です。一つめは二つの概念領域－「50年代領域」と「現在領域」－の間に時間的距離があります。二つめは二つの概念領域－「映画領域」（配役）と「生活領域」（女優）－の間に空間的距離があります。三つめは二つの概念領域－「信念領域」と「現実領域」－の間に心理的距離があります。この三種類の距離が概念統合の中で圧縮され、「長いおさげの娘」と「髪を短く切った妹」がそこでイコールでつながるのです。

　つなぎ合わせ型統合も距離を圧縮します。たとえば"追累"のような因果統合は、原因から結果が生じるまでの間に通常は一定の時間を経るものですが、統合はこの時間的距離を圧縮しています。原因イベント「張三が李四を追う」もしくは「張三が李四に追わせる」の「李四」と、結果イベント「李四は疲れた」の「李四」は厳密に言えば同じ「李四」ではないのです。――少なくとも一方は疲れており、もう一方は疲れていません。統合の過程で、この二つの「李四」の間の距離が圧縮されてゼロになり、二

人の「李四」は合わさって一体になります。異なる身分も一体となることが可能です。たとえば「外科医」と「屠殺業者」の例です。圧縮の結果は簡単であり、シンプルなものは力を生み出すからこそ、統合の出現意味が生じるのです。

　概念統合の過程においては、圧縮のほかに後退（conceptual recession）があります。「後退」は「突出」に対して言うもので、「凹（後退）と凸（突出）」が揃って初めて全体が形成されるのです。心理学で有名な「ルビンの壺」と呼ばれる下の図が明らかにするように、視覚の中ではある部分が突出し、ある部分が後退してゲシュタルトとしての図像が現れてきます。

　言語においても「凹凸」によって全体が形成される現象は多くあります。二つの音節を両方とも強く読むと、1音脚（foot）を構成することができません。一つの強音節は必ず一つの弱音節によって支え引き立てられる必要があります。一つが弱く、一つが強いことで1音脚を構成しているのであり、これは韻律学の基本原理です。二音節の組み合わせにおいて、もしも前後ともに強く読む、もしくは強弱の対比が明確でない場合は、一つの語である可能性も、また一つのフレーズである可能性もでてきます。しかし前を強く、後ろを弱く読む組み合わせの場合は、必ず一つの語なのです。たとえば下の左列は二つの語の並列ですが、軽読字（訳注：記号「.」で示される二文字め）を含む右の列の例は二文字で一単語です。

　　　　兄弟 "兄和弟"　　　　　兄.弟 "他是我兄弟"
　　　　　「兄と弟」　　　　　　　「彼は私の仲間だ」

第六講　なぜ言語における統合現象を研究するのか

多少 "多和少"	多.少 "每月有多少收入？"
「多いと少ない」	「毎月いくらの収入があるの？」
东西 "东和西"	东.西 "这是个什么<u>东西</u>？"
「東と西」	「これは何の<u>もの</u>？」
千万 "千和万"	千.万 "<u>千万</u>不要泄漏"
「千と万」	「<u>くれぐれも</u>漏らさないように」
买卖 "买和卖"	买.卖 "做个大<u>买卖</u>"
「買うと売る」	「大きな<u>商売</u>を行う」
反正 "反和正"	反.正 "<u>反正</u>我不答应"
「裏面と正面」	「<u>どっちみち</u>私は承知しない」

　下の例も同様に、左列は動詞プラス目的語のフレーズですが、軽読字を含む右列の例は修飾構造の名詞として理解されます。

煎饼「ピンを焼く」	煎.饼「焼いたピン」

（訳注："饼"は小麦をこねて薄く円盤状に伸ばして焼いた食べ物）

劈柴「まきを割る」	劈.柴「まき」

（訳注：動目構造の場合と名詞の場合では"劈"の声調が異なる。動目構造では第1声、名詞では第3声）

烧纸「紙を燃やす」	烧.纸「紙銭」

（訳注：名詞"烧纸"は死者があの世で使えるように燃やす、紙で作ったお金）

　英語の場合でも同じです。名詞であれ、動詞、形容詞であれ、複合語は全てこのような強音モデルを持っているようです。

a dark room「暗い部屋」	a ′dark‚room「暗室」
a hot house「暑い部屋」	a ′hot‚house「温室」
a black bird「黒い鳥」	a ′black‚bird「ハッカチョウ/カビチョウ」
a baby girl「女の赤ん坊」	a ′baby-sitter「ベビーシッター」
motor transpor「自動車輸送」	′motor‚car「自動車」

201

文も同様です。中国語の"把"構文はまさしく二つの文が統合した結果であり、統合の過程において、一つは後退し、一つは突出しています。

　　醉把茱萸仔細看。「醉うて茱萸を把って子細に看る」
　　　　　　　　　　　　　　　　　　（杜甫『九月藍田崔氏庄』）

"醉把茱萸"「醉うて茱萸を把る」と"仔細看茱萸"「茱萸を子細に看る」は本来別々のイベントでした。統合の過程で、まず二つの"茱萸"が一つになることで連動構造が形成されます。これが二つのイベントが統合する初期段階であり、前後二つの動作はまだ共に強く読まれています。その後、前のイベントが後退化し、動詞フレーズ"把茱萸"は介詞フレーズへと変化します。「手に取る」という動作の実質的意味を持っていた動詞"把"は虚詞の"把"へと転じ、それと同時に後のイベントが突出化され、"把"構文が生まれたのです。この統合によって生じた出現意味は、処置を強調することであり、それゆえに"把"構文は「処置式」と呼ばれてきたのです。

　現代中国語のアスペクト助詞"了"の形成もほぼ同様で、後のイベントが後退する点だけが違います。

　　拜舞既了（近代中国語）→ 已经拜了舞（現代中国語）

近代中国語の"拜舞既了"「拜舞既にやむ」における"了"[liǎo]は「終わる、完成する」を表わす動詞であり、その前に副詞"既"「すでに」が修飾していることからも、本来二つの事態「拜舞する」＋「終了する」であったことを証明できます。その後に、後ろの事態の後退が起こり、前の事態が突出化し、動詞"了"は動詞に付属するアスペクト助詞"了"[le]へと虚化して行ったのです。

　概念における圧縮と後退は、言語形式でも圧縮と後退を引き起こします。これは正に概念構造と言語構造の間の「図像性」（iconicity）なのです。言語形式における圧縮と後退は、主として三つの現象として実現します。その一は、重読から軽読への音声上の変化です。その二は、長く大きいか

たちから短く小さいかたちへの形態上の変化です。その三は、自由形式から付属形式への性質上の変化です。この三つの現象は全て"了"の虚化に反映しています。概念の統合を研究する時は、特に言語形式に見られる証拠が大切ですが、それは形式的な差異が存在しない概念の違いについて論じることには意味がないからなのです。

　圧縮と同時に拡充があり、後退と同時に突出が生じます。"这个外科医生又操起了屠刀"「この外科医はまた屠殺刀を手に執った」は、「外科医」と「屠殺業者」の間の距離が圧縮されると同時に、「眼鏡をかけて温厚な医者が、鉈（なた）を振り回すようにして肉をそぎ取る」というイメージが拡充され活性化するため、生き生きとした意味が立ち現れるのです。"醉把茱萸仔細看"「酔うて茱萸を把って子細に看る」は、もともと連動文であったものが統合して"把"構文となり、「手に取る」意味が後退するのと同時に「よく見る」の方が突出化し、そこから処置を強調する意味が生じたのです。生き生きした意味と強調の意味は統合によって立ち現れた出現意味なのです。

　「圧縮と拡充」と「後退と突出」は、そもそも生理的機構である神経に基礎があります。ニューロンの活性化は周囲のニューロンに対して二種類の影響を与えます。一つは両者の関係が活性型（excitatory）である場合、それらが活性化する可能性を高めます。もう一つは、両者の関係が抑制型（inhibitory）である場合、それらが活性化する可能性を下げます。この抑制とは、認知心理過程における重要な特性であり、特に視覚が図形を識別する際に重要な作用を発揮します。被験者の左目と右目にそれぞれ異なる図形を見せると「両目が競合する」結果、ある時間内には、その内の一つしか見えないそうです。これは神経活動が情報入力に対して部分的な抑制を加えた結果です。

終わりに：認知科学における言語学の地位

　認知科学とは哲学、心理学、人類学、言語学、脳神経学、コンピュータサイエンスをつなぐ新しい学際領域です。認知科学の目標は、思考する機械を作ることなどではなく、認知過程に関する理解を深め、人の脳は如何

に働いているのかについて理論を打ち立てることにあります。この目標は、様々な異なる方法を通じて実現することが可能であり、伝統的な心理学の実験や観察、またコンピュータによって認知過程を模倣することもできます。人工知能研究の初期段階では、記号に生成規則を加えるという単一の方法であらゆる認知の問題が解決可能だと信じられていました。今やそのような考えとは違って、現今の研究の流れは多種多様な表われかたとデータを取り入れ、それら相互の影響と統合に目を向けるようになっています。

では、認知科学における言語学の地位はどうでしょうか。認知科学の新興と認知心理学は最も密接な関係にあったので、コンピュータによって人間の認知メカニズムを模倣する場合には認知心理学者の研究成果に基づく必要がありました。言語は人間にとって最も重要な認知能力の一つであり、人間の心理と知性を見抜く窓だと言えます。であれば、言語の認知心理学研究には言語学者の関与が欠かせないものであり、言語学者の言語事実に対する描写と説明が認知心理学の行う実験や観察の基礎になるのです。

科学的理論の最終目標は、一見異なるように見える諸現象に対して、信憑性の高い、統一的解釈を与え、表面現象を通してその裏にある本質を見抜くことにあります。もしその解釈が具体的で信憑性が高ければ、それで証明される多くの仮説をサポートすることができます。概念統合の理論は、解釈はできても予測はできないから科学性に欠けるという批判もありますが、これはまったくの偏見と誤解です。言語学者はかつて言語学を伝統的物理学のように「科学」的な学問分野にしようと決意しました。つまり、これはあらゆる言語現象を数学的な方法で予測しようとすることを意味します。しかし、「科学」とは一体どんなものでしょうか。客観的分析と還元主義に基づく研究だけが「科学」なのでしょうか。もしも「科学」をそのように狭い範囲に限ってしまうのであれば、率直に言って、「科学」によって人間の言語や認知の神秘を含む自然界の神秘をすべて明らかにすることなど所詮無理な話でしょう。なぜならば人間も自然界の一部であり、人間の思考と言語は単に分析と還元だけではないからです。

言語は一つの複雑なシステムです。言語という研究対象の性質によって、言語学は進化学、地質学、気象学、天文学と同じように事実に対して十分

な解釈を与えることができます。但し、それは「弱い予測」であって、傾向性を持った規則を予測することしかできません。概念統合の理論は、言語事実を十分に解釈できると同時に、弱い予測をすることができます。たとえば「階層序列」あるいは「最適方案選出原則」（訳注：Fauconnier & Turner 1998を参照）を通じて概念統合に制約を加えます。これは制約条件を満たせば満たすほど、優先的に受け入れられるというものです。例を挙げると、統合理論を使って以下のような予測を立てることができます。ある言語または方言において"王冕病了父亲"「王冕は父が病気になった」が成立するならば、"王冕死了父亲"「王冕は父が亡くなった」も成立するが、その逆は真ではないと予測できます。また、もし"张三打哭了李四"「張三が李四を殴って泣かした」が"使李四打"「李四に殴らせる」という使役の意味を含むならば、"张三追累了李四"も"使李四追"「李四に追わせる」という使役義を含むが、その逆は成立しないことなどが予測できます。

統合と分析は互いに対立しつつも補い合う二つの過程です。「可分析性」はまさに統合の前提でもあります。あるいは中国語の語句は、印欧諸語のそれと比べて可分析性が高いために、統合がより明らかで重要なのかもしれません。私は概念統合という視点から、中国語文法における重大な問題、そして昔からの難題に対して、改めて詳細に考察を行なっています。概念統合という新しいアプローチを取ることで、私たち言語学者が多種多様な実際の言語事実から出発して、言語構造および言語変化の規則を探索し、認知科学の発展に貢献できることを確信していただきたいと希望しています。

参考書目

　科学思想の新しい動向については、Waldrop, M.（1995）、金吾倫等（2006）；数学における統合現象についてはLakoff, George, and Rafael Núñez（2000）；神経科学における統合現象については、Grady, Joseph（2000）；経済学における統合現象については、Schelling, T. C.（1978）；心理学における統合現象については、Anderson, J. R.（1985）の関連個所を参

照されたい。言語学における統合現象、特に「出現意味」と統合における概念圧縮については Fauconnier, Gilles（1997）と Fauconnier, Gilles, & Mark Turner（2003）；言い間違いにおける揉み合わせとつなぎ合わせについては Fromkin, V. A.（1971）と沈家煊（1992）；合音現象については劉祥伯（2004）；留学生の間違いに見られる揉み合わせ現象については朱智賢（2007）を参照されたい。

　語構成と文構成における統合については、沈家煊（1999）（2004）（2006a）（2006b）（2006c）（2006d）（2007）（2008）（2009）などを参照されたい。文法化と語彙化における統合については、沈家煊（2005）と董秀芳（2002）；因果統合については Sweetser, Eve（2000）；統合とアブダクションについては沈家煊（2009）；メタファーとメトニミーについては Lakoff, George, and Mark Johnson（1980）と沈家煊（2008）；韻律学については冯胜利（2000）；弱い予測については沈家煊（2004）を参照されたい。

講演記録
　2007年10月24日、香港理工大学での公開講座"杰出中国学人计划"「傑出中国人学者プロジェクト」における講演。

参考文献

戴浩一（1988）时间顺序和汉语的语序，《国外语言学》第 1 期。

戴浩一（1989）以认知为基础的汉语功能语法刍议，《功能主义与汉语语法》，北京语言学院出版社。

董秀芳（2002）《词汇化：汉语双音词的衍生和发展》，四川民族出版社。

冯胜利（1997）《汉语的韵律、词法与句法》，北京大学出版社。

冯胜利（2000）《汉语韵律句法学》，上海教育出版社。

华玉明（2008）汉语重叠功能的多视角研究，南开大学文学院博士论文。

金吾伦等（2006）整体论：科学研究的新路径，《科学时报》2006-11-30-B3 版。

江蓝生（2010）"好容易"与"好不容易"，《历史语言学研究》第三辑。

李　明（2003）试谈言语动词向认知动词的引申，《语法化与语法研究（一）》，商务印书馆。

李　明（2004）从言语到言语行为，《中国语文》第 5 期。

刘祥伯（2004）北京话"一＋名"结构分析，《中国语文》第 1 期。

吕叔湘（1963）现代汉语单双音节问题初探，《中国语文》第 1 期。

吕叔湘（1979）《汉语语法分析问题》，商务印书馆。

吕叔湘（1983）《吕叔湘语文论集》，商务印书馆。

吕叔湘（1999）《现代汉语八百词（增订本）》，商务印书馆。

沈家煊（1990）语用学和语义学的分界，《外语教学与研究》第 2 期。

沈家煊（1992）口误类例，《中国语文》第 4 期。

沈家煊（1993）"语用否定"考察，《中国语文》第 5 期。

沈家煊（1994）"好不"不对称用法的语义和语用解释，《中国语文》第 4 期。

沈家煊（1995a）"有界"和"无界"，《中国语文》第 5 期。

沈家煊（1995b）正负颠倒和语用等级，《语法研究和探索》第 7 辑。

沈家煊（1997）形容词句法功能的标记模式，《中国语文》第 4 期。

沈家煊（1999a）"在"字句和"给"字句，《中国语文》第 2 期。

沈家煊（1999b）转指和转喻，《当代语言学》第 1 期。

沈家煊（1999c）语法化和形义间的扭曲关西，《中国语言学的新开拓》，香港城市大学出版社。

沈家煊（1999d）《不对称与标记论》，江西教育出版社。

沈家煊（2000a）说"偷"和"抢"，《语言教学与研究》第1期。

沈家煊（2000b）句式和配价，《中国语文》第4期。

沈家煊（2000c）"N的V"和"参照体－目标"构式，《世界汉语教学》第4期。

沈家煊（2001a）跟副词"还"有关的两个句式，《中国语文》第6期。

沈家煊（2001b）语言的"主观性"和"主观化"，《外语教学与研究》第4期。

沈家煊（2002）如何处置处置式？—论把字句的主观性，《中国语文》第5期。

沈家煊（2003a）复句三域"行、知、言"，《中国语文》第3期。

沈家煊（2003b）从"分析"和"综合"看《马氏文通》以来的汉语语法研究，《〈马氏文通〉与中国语言学史》，外语教学与研究出版社。

沈家煊（2004a）动结式"追累"的语法和语义，《语言科学》第6期。

沈家煊（2004b）语法研究的目标—预测还是解释？《中国语文》第6期。

沈家煊（2004c）〈说"不过"〉《清华大学学报》（哲学社会科学版）第5期。

沈家煊（2004d）再谈"有界"与"无界"，《语言学论丛》第30辑。

沈家煊（2005）也谈能性述补结构"V得C"和"V不C"的不对称，《语法化与语法研究（二）》。

沈家煊（2006a）"糅合"和"截搭"，《世界汉语教学》第4期。

沈家煊（2006b）"粉丝"和"海龟"，《东方语言学》第2期。

沈家煊（2006c）词法类型和句法类型，《民族语文》第6期。

沈家煊（2006d）"王冕死了父亲"的生成方式—兼说汉语"糅合"造句，《中国语文》第4期。

沈家煊（2006e）《认知与汉语语法研究》，商务印书馆。

沈家煊（2007a）汉语里的名词和动词，《汉藏语学报》第1期。

沈家煊（2007b）也谈"他的老师当得好"及相关句式，《现代中国语研究》第9期。

沈家煊（2008a）"移位"还是"移情"？—析"他是去年生的孩子"，《中国语文》第5期。

沈家煊（2008b）认知语言学理论与隐喻语法和转喻语法研究，《当代语言学理论和汉语研究》，商务印书馆。

沈家煊（2008c）李白和杜甫:出生和"出场"—论话题的引入与象似原则,《语

文研究》第 2 期。

沈家煊（2009a）"计量得失"和"计较得失"—再论"王冕死了父亲"的句式意义和生成方式，《语言教学与研究》第 5 期。

沈家煊（2009b）跟语法化机制有关的三对概念，《语法化与语法研究（四）》。

沈家煊（2009c）我看汉语的词类，《语言科学》第 1 期。

沈家煊（2009d）副词和连词的元语用法，《对外汉语研究》第 5 期。

沈家煊、完权（2009e）也谈"之字结构"和"之"字的功能，《语言研究》第 2 期。

沈家煊（2010a）英汉否定词的分合和名动的分合，《中国语文》第 5 期。

沈家煊（2010b）我只是接着向前跨了半步—再谈汉语的名词和动词，《语言学论丛》第 40 辑。

沈家煊（2010c）从"演员是个动词"说起—"名词动用"和"动词名用"的不对称，《当代修辞学》第一期。

沈家煊（2010d）"病毒"和"名词"，《中国语言学报》第 14 期。

沈家煊（2010e）如何解决"补语"问题？《世界汉语教学》第 4 期。

沈家煊（2010f）世说新语三则评说—被自杀·细小工作·有好酒，《当代修辞学》第 4 期。

沈家煊（2011）朱德熙先生最重要的学术遗产，《语言教学与研究》第 4 期。

孙宏开、胡增益、黄行主编（2007）《中国的语言》，商务印书馆。

完权、沈家煊（2010）跨语言词类比较的"阿姆斯特丹"模型，《民族语文》第 3 期。

肖治野、沈家煊（2009）"了2"的行、知、言三域，《中国语文》第 6 期。

谢静、邓子梁、李天有译（2005）《微观动机与宏观行为》，中国人民大学出版社。

许娟（2003）副词"就"的语法化历程及其语义研究，上海师范大学硕士学位论文。

袁宾（1984）近代汉语"好不"考，《中国语文》第 3 期。

张　敏（1998）《认知语言学与汉语名词短语》，中国社会科学出版社。

赵元任（1979）《汉语口语语法》，吕叔湘译，商务印书馆。

朱德熙（1956）现代汉语形容词研究，《语言研究》第 1 期。

朱德熙（1961）说"的"，《中国语文》第 12 期。

朱德熙（1966）关于《说"的"》,《中国语文》第1期。

朱德熙（1979）与动词"给"相关的句法问题,《方言》第2期

朱德熙（1981）"在黑板上写字"及相关句式,《语言教学与研究》第1期

朱德熙（1982）《语法讲义》,商务印书馆（杉村博文、木村英樹訳『文法講義：朱德熙教授の文法要説』白帝社、1995）

朱德熙（1983）包含动词"给"的复杂句式,《中国语文》第3期。

朱德熙（1985）《语法答问》,商务印书馆（中川正之、木村英樹編訳『文法のはなし：朱德熙教授の文法問答』、光生館、1986）

朱智贤（2007）留学生汉语杂糅偏误分析,《汉语学习》第3期。

Anderson, J. R. (1985) *Cognitive Psychology and Its Implications*, 2nd edition. New York: W. H. Freeman and Company

Austin, J. L. (1962) *How to do things with words*. Oxford: Clarendon Press（坂本百大訳『言語と行為』大修館書店、1999）

Fauconnier, Gilles (1997) *Mappings in Thought and Language*. Cambridge and New York: Cambridge University Press（坂原茂他訳『思考と言語におけるマッピング』岩波書店、2000）

Fauconnier, Gilles, & Mark Turner (1998) Conceptual integration networks. *Cognitive Science*, 22:1, 113-131

Fauconnier, Gilles, & Mark Turner (2000) Compression and global insight. *Cognitive Linguistic*, 11, 3/4, 283-304

Fauconnier, Gilles, & Mark Turner (2003) *The Way We Think: Conceptual Blending and the Mind's Hidden Complexities*. New York: Basic Books

Fromkin, V. A. (1971) The non-anomalous nature of anomalous utterances, *Language*, 47:27-52

Grady, Joseph (2000) Cognitive mechanisms of conceptual integration. *Cognitive Linguistics* 11, 3/4: 335-345

Grice, H. P. (1975) Logic and conversation. In P. Cole & J. Morgan (eds.). *Syntax and Semantics 3: Speech Acts*. New York: Academic Press:41-58

Haryu, E., M. Imai, H. Okada, L. Li, M. Meyer, K. Hirsh-Pasek, & R. M. Golinkoff (2005) Noun bias in Chinese children: Novel noun and verb learning in Chinese, Japanese, and English preschoolers. In Brugos, A., M.R. Clark-Cotton & S. Ha (Eds.), *Proceedings of the 29th Annual Boston University Conference on Language Development*. Somerville, MA: Cascadilla Press. 272-283

Lakoff, George, and Mark Johnson (1980) *Metaphors We Live By*. Chicago: Chicago University Press (渡部昇一他訳『レトリックと人生』大修館書店、1986)

Lakoff, George (1987) *Women, Fire, and Dangerous Things*. Chicago University Press (池上嘉彦、河上誓作他訳『認知意味論：言語から見た人間の心』紀伊國屋書店、1993)

Lakoff, George, and Rafael Núñez (2000) *Where Mathematics Comes From: How the Embodied Mind Brings Mathematics into Being*. New York: Basic Books

Ping, Li, Jin Zhen, and Tan Li Hai (2004) Neural representations of nouns and verbs in Chinese: an fMRI study. *NeuroImage* 21, 1533-1541

Pomerantz, J.P, Sager, L.C & Stoever, R.J (1977) Perception of wholes and their component parts : Some configural superiority effects. *Journal of Experimental Psychology* : Human Perception and Performance, 3, 422-435

Potts, G.R (1972) Information processing strategies used in the encoding of linear orderings. *Journal of Verbal Learning and Verbal Behavior*, 11, 727-740

Schelling, T. C. (1978) *Micromotives and Macrobehavior*. W. W. Norton & Company, Inc.

Stroop, John Ridley (1935). "Studies of interference in serial verbal reactions". *Journal of Experimental Psychology* 18 (6): 643-662

Sweetser, Eve (1990) *From Etymology to Pragmatics: Metaphorical and Cultural Aspects of Semantic Structure*. Cambridge: Cambridge University Press（澤田治美訳『認知意味論の展開：語源学から語用論まで』研究社、2000）

Sweetser, Eve (2000) Blended spaces and performativity. *Cognitive Linguistics* 11, 3/4, 305-333

Tai, Jame H-Y. (1985) Temporal sequence and Chinese word order. *Iconicity in Syntax*, ed. By John Haiman. Amsterdam and Philadelphia:John Benjamins.（戴浩一 1988 时间顺序和汉语的语序，《国外语言学》第1期）

Waldrop, M. (1995) *Complexity*. SDX Joint Publishing Co.（田中三彦他訳『複雑系』，新潮文庫，2000；陈玲译《复杂》，三联书店，1997）

Y. R. Chao (1968) *A Grammar of Spoken Chinese*. University of California Press.

訳者あとがき

　本書『現代中国語　文法六講』は、沈家煊著《语法六讲》（商務院書館、2011 年、北京）の日本語による全訳本である。
　原著が成るに至った経緯については、沈先生ご自身が「まえがき」と「日本語版への序文」でお書きになっておられるように、2004 年から 2011 年にかけて中国の内外（北京、香港、日本、フランス）で行われた講演の原稿あわせて六篇が基礎となっている。いずれの講演においても、言語事実の広い観察を背景に据え、最新の言語理論を駆使して中国語文法の本質を深く見据えようとする姿勢が貫かれており、どの一篇からも各地での講演と相前後して沈先生が陸続と発表された研究論文のエッセンスを存分に味わうことができる。これは、まさしく"深入浅出"と称するに値する講演論集である。

　特に、私たち日本の読者にとって嬉しいことは「六講」のうちの四篇が大阪、神戸、東京で行われた講演を記録したものであって、今回こうして日本語版を上梓できることを読者の皆さまとともに喜びたい。これまでに沈先生の謦咳に触れたことのある読者には、沈先生のあのちょっと照れを含んだような笑顔と、そして少しだけ上海訛りを感じさせる口吻の思い出が拙訳を通して立ち上がってくれれば幸いであるし、まだ先生にお会いになったことのない読者には、カリスマ・シェフが難問難題を次々とあざやかに解きほぐし、名菜に仕立ててゆくパフォーマンスに立ち会っているような思いを抱いていただければと望んでいる。

　本書は原著が伝えてくれる講演現場のライブ感を些かなりとも反映するべく、口語体の訳文を心がけた。また、注釈は最小限に抑え、（訳注：……）というスタイルで本文中に記した。なお、極く稀に見つかった原著の誤植などは、本書で適宜修正を加えた。原著では各篇の末尾に「参考書目」が挙げられているが、本書では参考文献リストを作成し巻末に添えて、読者の発展的な読書と研究の便に供することとした。

最後に、翻訳と注釈の作成に当たって、大阪大学大学院言語文化研究科および外国語学部中国語専攻の 2012 年度中国語学ゼミ参加者諸君の援助を得たことを特に記し、謝意を表する。

古川裕

2013 年盛夏

猛暑の大阪にて

大阪大学 大学院言語文化研究科・外国語学部中国語専攻
2012 年度合同ゼミ　参加者：
　　高田友紀、中田聡美、中村剛福、平山真弓、古川栞、本村博美、
　　米田純、簡靖倫、梁辰、彭翠、斉艶茹、王菁、呉夢迪、夏麒、袁暁今、
　　張海韻、張睿、朱夢船。

著者紹介

沈家煊（Shen Jiaxuan）

　1946 年上海生れ。中国社会科学院語言研究所所長、中国語言学会会長、国際中国語言学会会長、《中国语文》主編、《当代语言学》主編などを歴任。現在、中国社会科学院文哲学部学部委員、語言研究所研究員。

　主な著書に《不対称与标记论》（江西教育出版社，1999 年）、《著名中年语言学家自选集－沈家煊卷》（安徽教育出版社，2002 年）、《现代汉语语法的功能、语用、认知研究》（主編，商务印书馆，2004 年）、《认知与汉语语法研究》（商务印书馆，2006 年）など、論文多数。共訳書に《语言共性和语言类型》（北京大学出版社，2010 年：原著は Bernard Comrie. 1981. *Language Universals and Linguistic Typology: Syntax and Morphology*. University of Chicago Press）がある。

訳者紹介

　古川裕（ふるかわ　ゆたか）

1959 年京都市生れ。大阪外国語大学、東京大学文学部卒業。東京大学大学院修士課程修了、北京大学中文系において文学博士。現在、大阪大学大学院言語文化研究科教授。専攻分野は認知言語学的な視野からの現代中国語文法研究と日本人に対する中国語教育への応用研究。

現代中国語　文法六講

2014 年 9 月 15 日　第 1 刷発行

著　者　沈　家　煊
訳　者　古　川　裕
発行者　関　谷　一　雄
発行所　日中言語文化出版社
　　　　〒531-0074 大阪市北区本庄東 2 丁目 12 - 6 - 301
　　　　ＴＥＬ：０６（６４８５）２４０６
　　　　ＦＡＸ：０６（６３７１）２３０３
　　　　E-mail　info@fusou-g.co.jp
　　　　URL　　http://jclcp.com/
印刷所　有限会社扶桑印刷社

ISBN 978 - 4 - 905013 - 84 - 6　　　　Printed in Japan